2021 年修訂版

全球視野 的 文化政策

（第二版）

郭為藩◎著

三版序

　　本書係民國九十五（2006）年初與讀者見面，三年後（2009）第二版修訂時曾經加入兩章，數據上也略有更新，可稱有大幅度的調整。這次又過五年，文化環境也有若干變動，所以再進行第三版的修訂，除了在統計數字盡量改用最近數據外，並將原第十章討論網路與校園文化的全章取下，另寫「行政法人化」的新主題替換，使全書在文化政策的討論更為完整。

　　第三版的印行，剛好是文化部成立兩週年，藝文界盼望已久的新部門開始運作後已有一段時間。雖然與一部分人士的期待稍有距離，本書對此也試作解釋，並對未來政策導向略抒淺見，作為課堂上討論的參考，當然觀點也聚焦在「全球視野」的大方向。本書論述一直謹守條理清晰、深入淺出的原則，期待引起讀者的關心進而引發討論文化政策的興趣；如稍有效果，則作者的投入與苦心，算是有一點回饋。

郭為藩　謹識

二〇二一年六月

＊附記：本書第三版修訂版係於二〇二一年六月完成，僅作少數
　　　　章節數據資料的補充與修正，作者特此補記。

初版序

　　從作為一個消費者角度看，至少有三分之一台灣居民的生活方式印證了文化全球化的跨國界互動現象。試想有多少國人在日常生活中隨時在享用不同國家、多元文化的創意商品。從街頭繽紛炫目的名牌服飾，到收看Discovery、CNN、BBC、韓劇、東洋摔角、好萊塢影片節目；由上網透過MSN跟天涯海角的朋友（熟悉的或不相識的）以中文或外文交談，到利用網路購物、訂位、查詢、研究、洽辦商務，或進入各地資料庫成為「知識游牧族」，都是一種文化消費的型態。當然，最典型的還是每次出國旅遊時，總會切身體驗到文化全球化的作用。無論是旅館的裝潢設施、餐飲服務、遊樂節目，儘管各有在地文化的特色，實質上還是國際化的規格，而數位時代的產品──電腦、手機與信用卡，更是徹底將這世界「扁平化」。

　　最近在台北市國家戲劇院登台的《歌劇魅影》，很生動地為文化全球化提供另一例證。作曲家 Andrew Lloyd Webber 不僅以《貓》等音樂劇膾炙人口，他的《歌劇魅影》已經在紐約百老匯連續演出十八年，曾在全球二十四個國家一百二十多個城市巡迴演出，逾八千萬人次觀眾欣賞過這齣差不多已成為經典名作的音樂劇，締造十七億歐元（約新台幣六百六十億元）票房的佳績。目前除紐約外，倫敦、東京、布達佩斯、聖保羅、埃森（德國）、

拉斯維加斯等大都會正長期固定演出。可見文化消費方面，即使精緻藝術如音樂劇，也出現「麥當勞現象」。當然，像東京、香港及很多地區的迪士尼主題樂園，又如古根漢美術館，也走國際連鎖化；雖然數目不像星巴克咖啡館那樣普及，但文化企業化的經營方式大體上頗為相近。文化產業在今後一段時期，似乎如日中天，對國內不少力爭上游的文化創意產業應有鼓舞的效果。較令人刮目相看的，如表演藝術方面的雲門舞集、工藝產業方面如琉璃工房和琉園、期刊方面如《天下雜誌》、書店方面如誠品，衷心盼望台灣的文化產業不但持續穩健地向全球化大道邁進，且能像台灣的半導體產業，締造出《歌劇魅影》似的奇蹟。然而無可置疑的，國際市場上文化產業競爭的激烈，不下於資訊產業，政府在文化政策上的獎勵或融資支持措施往往是不可或缺的。試看歐盟國家在世貿組織磋商談判中堅持的「文化例外」立場，不是很好的啟示嗎？

筆者曾擔任行政院文化建設委員會主委四年多的時間（1988-1993），於我國文化決策親身涉及，稍有體認；隨後在教育部服務，也主管部分文化行政業務；後來又奉派赴歐任職五年，對法國及歐盟文化政策尤多關注。所以，去年在國立台灣師範大學社會教育研究所講授文化政策課程，與選課研究生切磋研討，從先進國家文化政策檢視國內文化政策的發展脈絡及相關議題。課程結束後意猶未盡，繼續蒐集資料，進一步充實內容。為拋磚引玉，就教於有識同道，自去年暑假開始動筆整理，現已完稿成書。荷承心理出版社惠允印行，始有機會公開露面。本書除可供國內各大學修讀文化政策的學生當作參考教材外，尤盼各級文化

行政專業同仁閱覽指教，希望一起從全球視野，為今後文化建設的定位覓到較明確的方向。

郭為藩　謹識

二〇〇六年元月

目　次

第一章

文化全球化：
文化政策的新視野

　　雖然「全球化」（globalization）一詞最早於何時出現很難考證，但是全球化現象引起學界的普遍討論，相當明顯的是一九九〇年代前期才開始，至今不過約三十年的歷程。全球化如同一部時代列車，正加速奔馳，看不出近期內有緩慢下來的徵象。更值得重視的是全球化的範圍在伸展，而其涉及的層面也正在增加。從最先的貿易全球化開始，像野火蔓延於森林，逐漸波及或浸潤到人類生活的許多層面，文化全球化正是其中一個值得嚴肅檢視的層面，文化決策或文化理論學者當然對全球化現象不能視而不見。文化全球化的觀念是一扇窗子，可為文化政策開啟一個面向國際的新視野，讓人在省思當前文化問題時有較新穎的觀點與思維。

第一節 ▶▷ 文化全球化的特徵

　　全球化的本質是「自由化」（liberalization）。其用意在削減或撤除因貨品跨越國界所遭遇的關稅障礙，盡量促成貨暢其流，互通有無，做到自由貿易，不設限制，讓消費大眾享受價廉物美、多元選擇的福祉。所以推動全球化的最主要機制：「世界貿易組織」（World Trade Organization，簡稱 WTO）及其前身「關稅暨貿易總協定」（General Agreement of Tariffs and Trade，簡稱 GATT），以致力於打破貿易保護主義，促使政府管制措施的解除，亦即「鬆綁」（deregulation）為目標。可見全球化的本意在擴大交易領域，降低貿易成本，免得市場機能受到扭曲。但是，經濟自由化的結果免不了引發貿易上的競爭，「優勝劣敗、適者生存」的叢林法則也在國際貿易市場上大行其道；「贏者通吃」（winner takes all）的併吞現象，使經營規模不夠雄厚、對市場需求反應不甚靈敏的廠商成了祭品，拱手把地盤讓人，或被迫退場出局；讓巨無霸型的跨國公司叱吒風雲，宰制整個區域的市場機制。

　　經貿層面的全球化之所以到一九九〇年代才時機成熟，係因若干時間因素的湊合。這些際會的因素包括一九八九年柏林圍牆的倒塌，蘇聯共產帝國的崩盤，使得原華沙公約組織的前社會主義國家在政治轉型的同時，開放貿易門戶；其中如捷克、波蘭、匈牙利、斯洛維尼亞等地市場迅速搭上全球化列車，成為開放經濟的典型，間接引發一股東歐與中歐貿易自由化的浪潮。其次是

中國大陸在一九九○年代啟動貿易開放政策，逐漸成為東亞地區超級大市場及世界供應鏈的加工廠，在國際貿易上舉足輕重，目前在外匯存底上超越三兆五千億美元。但是全球化潮流到了二十世紀結束前如日中天，最應該歸功於傳播媒體新科技的一臂助力。試想倘若沒有今日隨處可見的衛星電視、網際網路、手機通訊，以及日新月異的資訊科技，全球化的步伐恐怕要蹣跚拖延。尤其關鍵的是網際網路到一九九五年左右開始普及，使得凌厲的全球化攻勢如虎添翼，全面擴散，實現了「天涯若比鄰」的預言。

一、文化產品的商品化

全球化意味世界貿易市場的擴大，各類商品因為流通的便利，所以消費者在其生活起居的地點可以選購到其他地區的產品，有更多元且較有利的消費選擇。在此同時，由於市場的開放，同類商品之間自然而然面對尖銳的競爭，市場成為一雙「看不見的手」，決定產業的興衰與價格的起伏。面對「市場化」（marketization）使各類產品精益求精，或者削本廉售，以期提高市場上的競爭力。「競爭」遂成為全球化最核心的特質。

在貿易全球化的過程中，文化全球化漸漸站上市場競爭的大舞台。因為文化產物被視為一種可獲取利潤與被銷售的商品，為迎合更廣大市場的需要，文化產品被精緻地包裝，在商業廣告或網路上推銷。同時，文化產物無論是藝術創作或傳統文化遺產（如故宮文物），均可被大量複製以減低成本，也像各類商品一樣可以輸往各地市場傾銷。一場大師的音樂會算是一種文化活動，但

是當這場音樂會的現場錄音製成碟片或數位化的影碟（DVD），並經大量生產以應消費市場的需求時，這場音樂會顯然也成為商品化的一部分。同樣的，一件視覺藝術的創作初次呈現於鑑賞的觀眾面前，雖然不宜視為商品，但這幅創作仍然是具有經濟價值的（無論這場觀賞會是否收取門票）。當這幅創作被大量複製（如許多名畫或雕刻複製品），完成生產過程時，它們也成為名副其實的商品。此種情形包括在各觀光據點的商店經常可見到的手工藝品，雖然是一件件地打造，但是其呈現方式完全規格化，如同版畫一樣，雖然有作者簽署，仍然不脫為一種商品。宜興盛產老人茶壺，多數名壺雖然是手工精製，仍是一種商品。依此推論，一個享譽遐邇的交響樂團巡迴各地演奏，其演出節目雖有變化，這些音樂會何嘗不能視為高價出售的商品？愛樂音樂會的聽眾就是文化活動的消費大眾，跟愛美的仕女選購名牌化妝品的消費現象，本質上是差不多的。

文化產物商品化的突顯，主要是全球化帶來的市場競爭，尤其是多媒體科技日新月異，無論是流行音樂或是通俗藝術創作，經大量生產以供應市場需求，使藝術成為日常生活的消費品。為了符合經濟規模以壓低生產成本，跨國公司的文化企業普遍存在，挾著猛烈的行銷攻勢，攻城掠池、搶奪市場、擴大版圖，文化霸權（culture hegemony）因而相繼出現（Bennett, 1998）。以影視產業而言，文化產品多年來一直是世界貿易組織磋商談判的對象，例如國際電影市場上，美國的好萊塢數家超級跨國公司（mega-corporations）一直壟斷世界各國的電影院市場。又以音樂錄音影碟工業為例，全球在公元兩千年約銷售三百六十九億美元產值的

成品，其中美國就占了三分之一以上（Croteau & Hoynes, 2003: 344）。西歐政府雖然對各該國影視工業一向有補貼政策，至今仍然居於競爭劣勢。而屢次在影視產品關稅暨貿易談判中，美國等居優勢的產出國對於國家補貼政策一直持杯葛的立場，企圖取消或減低政府補貼政策，以符公平競爭原則。因此，自一九九三年開始，在法國帶頭抗衡下，歐洲多數世貿組織會員國強烈要求貿易開放談判中重視「文化例外」（cultural exception）的原則，以維護貿易弱勢國家文化藝術的多姿多彩性（cultural diversity），免得在文化霸權的影視企業大軍壓境下垮敗，導致文化商品的全面「同質化」（吳錫德譯，2003：108-109）。由此可見，文化產品已被廣泛視為一種商品，正在全球化市場中擴散。

二、文化經營的企業化

文化產物商品化的副產品就是文化產業的興起；在學術上，文化經濟學也跟著風行。因為文化產物既然具有相當高的經濟價值，自然需要大量投資及大量生產；在貿易方面，要講究行銷，講求經濟規模，注重成本效益的盤算。這一連串文化產業的經營，使得傳統的管理方式不復順應時代要求，所以文化經營的企業化（entrepreneurialization）遂成為文化全球化過程中文化產業的主要特徵。

如同高等教育全球化的結果，各國主要高等學府紛紛改弦易轍，重視國際市場的開發，因此經營主義（managerialism）與企業主義（entrepreneurialism）大行其道（Deem, 2001; Stromquist,

2002）；以今日一般文化產業的規模與國際化程度論，比起一般大學，有過之無不及。所以文化事業在全球化衝擊下，重視績效（accountability）、生產力（productivity）及競爭力（competitivity）已成為共同的趨勢。

有兩本熱門書分別提出「麥當勞化」（McDonaldization）與「迪士尼化」（Disneyization）的概念，頗能反映出文化產業企業化經營的現況（Ritzer, 1993, 1998; Bryman, 2004）。誠如不少文化學者的觀察，可口可樂、麥當勞漢堡、肯德基炸雞等等美國飲食文化的代表，以及在世界很多地區設立的迪士尼樂園（Disneyland）、古根漢博物館（Guggenheim Museum）都成為文化產業企業經營的典型。事實上，這些被視為美國文化外溢的指標性企業，正顯示出文化全球化的特質：經濟效益的高度考量。以早期台中市規劃甚久且見仁見智的古根漢博物館台中分館而言，據已經曝光的紐約古根漢基金會提交台中市政府「美術館發展契約」內容：紐約總部擁有古根漢台中分館的設計、施工、管理、經營、展覽的決定主導權，台中市政府要支付基金會商標授權費、規劃發展費，每年尚須補助美術館營運費、典藏品蒐購費等等；此外，尚包括美術館建築的設施成本一億九千萬美元。古根漢基金會之所以提出如此浩繁費用的預算，主要考量到博物館企業化管理的需求，為此台中市政府要付給管理軟體的智慧財產權費用（蔡昭儀，2004），似乎吃定國內沒有能力自行規劃及營運這樣一座現代化美術館，難怪合作條件如此嚴苛。

世界各地的迪士尼樂園，包括東京（一九八三年開放）、法國（一九九二年開放）、上海（二〇一六年開放）以及其他類似

或仿效成立的主題樂園，都採取了一整套相近的迪士尼經營模式。迪士尼樂園除了高度娛樂性的主題區外，尚經營餐廳、旅館、超級市場、紀念品商店、博物館或展示館，並配合一套相當標準化的行銷及管控經營模式。這種情形與全球各地的 7-Eleven 超商、便利商店或好市多（Costco）零售大賣場連鎖店的規格化並無兩樣（Akehurst & Alexander, 1995）。

麥當勞速食業能紅遍一片天，除了因為這種美國式的速食文化具有便捷、低廉、場所清爽、服務親切且很大眾化等優點外，尚有麥當勞連鎖店一致要求的企業管理模式，也是其成功的關鍵。「麥當勞化」一詞的始倡者雷澤（George Ritzer）提到有效率（速食、服務快）、易計價性（不同類的漢堡價格清晰明確）、可預測性（不同地區麥當勞店供應的漢堡食品規格及品質頗為一致）等特質。所以，消費者走進不同地方的麥當勞都可以預期會受到同類型的服務與提供同品質的消費品，並可量力而為，確定消費行為所需付出的代價，如同購買日常用品一樣。麥當勞的速食文化反映了美國式的企業化精神，一般文化產業也慢慢走上麥當勞化。

三、文化消費的流行化

在全球化席捲世界多數地區而影響大眾日常生活前，文化的階層區隔非常明顯，即所謂高雅文化（high culture）與通俗文化（folk culture）的區分。前者成為社經背景優越人士的生活享受，而一般庸碌終日的社會大眾則只能與通俗文化為伍。但是從大眾

傳播媒體發展以後，尤其是電影、電視與錄音錄影器材普及化之後，這種高雅文化與通俗文化的分別趨於模糊化。文化全球化最引人注目的是流行文化（popular culture）此起彼落，塑造消費風潮。一旦成為時髦，風行草偃，成為不可抗拒的潮流，從《哈利波特》幻想小說一集集的出版，洛陽紙貴，風靡全球，以及南韓電影帶頭掀起的「韓流」〔使韓國文化內容產業總值（包括動漫、電影、音樂等等）於二〇一六年達到六十三億美元〕，到近十年來星巴克咖啡（Starbucks Coffee）及其他講究情調與品味的星巴克式咖啡店之勃興，都說明了流行文化到處席捲若干社會階層人士並深入日常生活的許多角落。流行文化有時滲透到不同的年齡階層，跟消費者的教育程度也不一定有必然的關聯，所以也無所謂「高雅」與「通俗」的區分。

流行文化最重要的爆發力來自兩股力量：其一為此等文化商品透過傳播媒體的行銷廣告持續不斷的暗示作用，一再煽動消費者的慾望；另一為社會大眾購買力提升後，行有餘力，能夠對經過文化包裝、具有符號象徵意涵的商品做認同的消費。下面專就後一情形，略加析論。

一般商品，尤其是文化商品的價值大致可分為三個層面：其一為商品的實用價值或本質價值（asset value），例如衣裳可避寒，食物有營養價值，一本書因其知識內涵而有程度不一的學術價值；第二層面是商品的交換價值（exchange value）或市場價值，主要基於市場上的供需關係：當市場缺貨或供不應求時，市價自然較高；第三種價值是創意的價值或稱符號價值（sign value），這種商品的附加價值乃由於商品經過文化包裝後引發的

認同性，消費者因喜愛而有強烈慾望擁有，例如有些商品經過典雅的包裝後呈現一種高貴「感」，予人高格調的印象，成為消費者自我認同的媒介。透過消費商品或消費行為，可以顯示消費者的社會身分、文化品味、特殊癖好以及角色認同（role identity）。名牌的昂貴價值除了貨物品質，主要亦在品牌的符號價值。誠如著名法國社會分析家布希亞（Jean Baudrillard）的符號消費論（symbolic consumption theory）所指出，當前社會有一大部分消費者具有物品迷戀現象（commodity fetishism），以符號消費來彰顯個人的身分認同（Kidd, 2002: 148-150）。例如多少仕女風靡於購用 Louis Vuitton 的手提包，年輕人愛好 Nike 的運動鞋或休閒服飾，至於有錢商人購置朋馳汽車（Mercedes-Benz）、手戴勞力士名錶、用 Mont Blanc 名筆等等，這些消費者選擇上述的名牌商品，因其具有象徵化的符號。這些品牌符號其實是流行文化的一部分，雖然耗費較昂貴，卻因其含有特別的意涵，這種品牌符號的附加價值，是消費者樂於付出較本質價值高出很多的代價去消費的主要原因。

　　流行文化的消費不僅顯示於具體的購買行為，也反映於休閒娛樂的方式與媒體的內容選擇上。以國內常見的社會現象為例，電視媒體一窩蜂的八卦新聞報導，以及《大長今》、《明成皇后》、《冬季戀歌》等韓劇激發的韓流，帶動了韓國料理、韓國服飾的流行，都是具體的例證。

　　流行文化有時持續相當長的時間歷久不衰，Karaoke（或卡拉OK）就是一種流行文化的消費。從日本流行這種影視伴唱的風氣，近二十年來從亞洲國家延燒到歐美亞裔社區，而成為一種全

球化的娛樂文化形式。卡拉 OK 的功能是多重的，除了社交聯誼與自我表現外，它已成為一種生活方式（Kelly, 1998）。前面提到的星巴克咖啡店效應，同樣可視為文化全球化的點滴實例。星巴克一九七一年起源於美國西雅圖，目前公司總部已擴充到二千七百餘位員工，規劃並管控全美七千餘處以「星巴克」為名的連鎖咖啡店，如包括美國境外四十多個國家接近兩萬家星巴克咖啡店，經營總收益約一百五十億美元（二〇一三年的估計），其意義已不限於經濟範圍，而更值得重視的是生活方式方面。這些咖啡店多開設於鬧街角落、百貨商場與超商的出入口區，或是車站機場內的一隅，尤其是大書店樞紐地點（消費者可自書店陳列架取新書，一邊啜飲咖啡一邊瀏覽書刊）。星巴克於一九九六年在東京開設海外咖啡店，正式跨入國際，至今將近三十年。在亞洲地區雖不流行喝咖啡，也受到這一股流行文化的影響，因為「星巴克」是忙亂、寂寞都會中的綠洲，讓奔波於家庭與辦公室之間的現代人，有個轉換的落腳點，隨你與朋友小聚也好，靜靜的遐思也好，加上一杯高品質的咖啡，用小小的奢侈稍稍滿足雅痞的靈魂。星巴克一開始就著重員工服務專業態度的管理，也重視咖啡店的氣氛與較寬舒的空間，讓消費者一走進星巴克，在心情上立刻有所轉換，這樣使得喝咖啡變成一種消費文化，享有特別的休閒情趣，如同有些愛好唱歌的人泡在卡拉 OK 包廂一樣。選擇到星巴克喝咖啡，不單表示一種喝咖啡的品味，而且是一種生活方式的認同。

四、文化疆界的模糊化

十七、十八世紀以來，歐洲的民族國家興起，這些國家的領土疆域雖然時有糾紛，但是政治與經濟意義的國境非常清楚；美洲與亞洲國家傳統上國土觀念強烈，其疆界也是劃分清楚。然而近十餘年來，隨著全球化現象的擴展，政府行政機能相對萎縮，國際政治勢力與商品行銷網絡跨境伸展，不少地區性的聯盟組織，特別是歐洲聯盟（European Union），大刀闊斧在進行整合，使疆界意識開始發生質變。例如歐洲因為申根協議（Schengen Agreement）簽證公約的施行，使西歐二十四個國家在一個簽證或一種身分情況下可暢行無阻。歐元的採行，同一貨幣在二十七個國家和地區流通，歐盟二十八個國家中有十九個會員國採用歐元，使用人口達三億兩千多萬人。可見，區域化（regionalization）逐漸明顯，使區域性體制相繼出現。

但是疆界觀念的受到挑戰，與其說是政治與經濟層面，不如說是文化面最為明顯。有些學者所預測的「無邊界世界」（borderless world），以今日文化全球化的擴展程度，其輪廓已隱然若現。例如在傳播媒介方面，在各地觀光旅館到處可讀到《國際先鋒論壇報》（*International Herald Tribune*）、《新聞週刊》（*Newsweek*）、《時代雜誌》（*Time Magazine*）等全球性報刊雜誌；在電視節目方面，英國的BBC、美國的CNN、CBS、法國的TV5、德國的GM雙語電視系統、日本的NHK等也是各地皆能收視。電視系統的全球化以美國的CNN為例即可見一斑。CNN目

前係利用二十三個衛星轉播，每天全球有二百十二個國家或地區、約八億名觀眾經常收視，像這類媒體節目可說是跨境的網絡（Croteau & Hoynes, 2003: 337）。麥克路漢（Marshall McLuhan）在四十年前高瞻遠矚，提出「地球村」（global village）觀念，在今日的世界已逐漸浮現。

　　除了大眾傳播，前面討論的流行文化也是區域性或全球性的。各式各樣時尚（fashion）使民族文化疆域趨於淡漠，例如隨著人種差異，本來頭髮色澤亦異；但是染髮在今日已成時尚，在黑髮為主的黃種人社會，染髮和髮型與白種人國家一樣，風氣所及，常令人懷疑置身另一文化國度。飲食文化也是跨境地擴散，麥當勞式的速食、中式的炒麵炒飯、義大利披薩、墨西哥式塔可、韓國泡菜、日式料理的壽司生魚片，到處可見，同樣模糊了原有飲食文化的版圖。至於區域間的擴散也同樣在此，例如台灣地區的永和豆漿、珍珠奶茶、芒果刨冰等，也是跨越海峽，在中國大陸許多地區流行。美食之外，鄧麗君的唱片及一些台灣流行歌曲同樣隨著中國大陸電視普及與卡拉 OK 的流行，而風靡整個華語地區。

　　雖然較早期的文化全球化論述，相當傾向「全球化即美國化」的觀點；在一九七〇及一九八〇年代，當美國媒體跨國公司及影視產業挾其資本及科技優勢稱霸全球時，文化霸權的罪魁無疑就落在好萊塢影業、時代華納（Time Warner）公司及一些世界性出版事業身上。不過，今日的學界對「文化帝國主義」、「文化殖民主義」的成見漸趨消失，文化霸權也不再專指美國或西歐大國，而是龐統涵蓋跨國多媒體巨無霸型產業，例如日本的新力公司

（Sony Corporation）包括電子器材的 Sony Electronics Corporation、節目軟體製作行銷的 Sony Software Corporation（後者且分為 Sony Music Entertainment、Sony Pictures Entertainment 和 Sony Electronic Publishing）。不僅CD音響產品、電視、錄影機、數位相機及智慧型手機等硬體產品遍布全球市場，其節目軟體也一樣席捲全球，且與超級歌星簽約〔如早期 Sony 與麥可‧傑克森（Michael Jackson）簽約〕以推廣其產品。近幾年韓流也效法急追，不但韓國影視產品侵襲東瀛日本及亞洲其他地區，韓流的文創產品風光閃耀東亞，也令人刮目相看，當作文化創意產業的範例。只要細心觀察台灣地區影視節目的國際化程度，識者不難體認，在文化層面我國疆界門戶大開，台灣地區已成為地球村的一部分。

第二節 ▶▷ 國際與區域間的全球性流動

　　全球化除了商品、資金與資訊等在全球不同區域進行擴散性與互補性的流通外，另一不可忽略的流通現象就在人的流動。全球化的經濟依存關係加深一種國際性的社會分工（international division of labor），促成勞動市場全球化：一方面是勞力過剩地區向經濟繁榮、工作機會較多的地區移民（包括合法與非法的潛入）、短工（如暑期打工、收穫季節的採收差事或如國內外勞的短期雇傭）；另一方面顯示於無數跨國或多國企業公司的員工職務調動，還有許多海外分公司或境外設廠（包括如一般台商將主

要業務置於海外或大陸地區），每年例行假期及職務調整導致大批員工及其眷屬季節性的流動。此外，留學風氣的開啟雖自上世紀末期就存在，但全球化卻帶動一股短期遊學風潮，增加更多學術界與教育界的流動。以下除了討論上列人員的流通現象外，特別將焦點集注於文化層面的流動現象，包括文化商品的市場流動、藝文活動的國際化、文化觀光事業的發達，特別是文化全球化使觀光事業的文化色調更為濃烈。試看國際航線上每日數十萬觀光旅客絡繹於途，顯示人的流動與物的流通同樣是全球化的主流。

一、從文化消費到文化觀光

從文化全球化的角度觀察，文化觀光的興盛意味著經濟較為富裕地區的居民在生活方式上的改變，遠遊度假成為風氣。尤其是文化觀光的快速發展，意味文化資產與藝術創作活動受到重視，旅客不辭旅途勞頓，參加藝術季節活動，或為親臨現場觀賞從書本知識已有深刻印象的國外文化遺跡、紀念建築或重要博物館，這種文化接觸（cultural encounters），使地球村的理念進一步具體化。

文化觀光的發達有其時間上的發展背景，歸納起來，下列四項因素值得深入探究：

1. 隨著大眾傳播內容的全球化，電視觀眾或網路使用者平日可接觸到大量生動而多彩多姿的旅遊資訊。除了介紹名勝古蹟或自然景觀外，經常有各國風土民情及文化資產的生動描述，令人心嚮往之，盼望有機會親身遊歷，以實地印

象相印證。此所以法蘭西、西班牙、義大利、英倫三島、埃及等文化遺產豐富的國家總是最多觀光客湧入的地區，例如法國每年總有超過七千萬名的觀光客流連忘返，西班牙也有六千萬名以上的旅遊者。

2. 由於平均壽命延長，一般老年人的健康改善，加上年金制度的福利保障，經濟開發地區的退休人士漸有財力從事海外旅遊。這些年紀稍長的觀光客通常傾向於較靜態及較深刻的遊覽活動，例如參觀博物館、紀念性建築、參加藝術節（festivals），或到一特定地區進行專題旅遊，例如品酒美食之旅、海上郵輪假期。以後者為例，在豪華郵輪上一般較為舒適閒逸，不需劇烈體力活動，時差適應亦較為容易。而且可享受美食與友誼，參加船上舉辦的藝文節目與討論活動，沿途可不時上岸到名勝古蹟觀光，對較年邁者（甚至坐輪椅的行動不方便的旅客）也頗為適合。

3. 觀光事業的發展得益於公路交通的便捷，尤其是國際航線的四通八達，及飛機載客量大幅增加，都是減低旅遊費用與增加長途旅遊的動機。尤其是旅遊行業的全球聯營或連線支援，不僅在票價費用或食宿服務上有很多優惠，而且團體旅行的素質逐漸提高（包括下榻高規格的旅館、機票的高優惠折扣、當地旅行社「地陪」的導遊節目），均經細心安排，讓跨國旅行與遠遊度假的品質獲得適度的保證。根據很多觀光消費行為的分析，近年來旅行社舉辦團體旅遊的參加對象大部分曾參加過該一旅行社的其他旅遊活動，而對結果相當滿意。換言之，這些報名團體旅遊者多數是

忠誠的客戶，亦即較固定的客戶。旅行社承辦的深度旅遊多數是文化性的，而旅客也以事業上較有基礎、收入穩定而且教育程度較高的中高所得者為主。文化觀光團體的導遊專業化程度較高，一般皆持有導遊執照，因此參加文化觀光應屬一種知識之旅。

4. 文化觀光的發達跟二、三十年來文化城市的耀目突顯有關，特別是歐洲地區為然。歐洲理事會（Council of Europe）自一九八五年開始每年舉辦推選歐洲文化首都的活動，第一屆文化首都由雅典雀屏中選，後來年年有一個或兩個城市膺選歐洲文化首都（European Capitals of Culture）；而且此一活動由歐洲聯盟支持接辦，至二〇一四年總共有五十個城市曾經被選定為文化首都。這些城市在歐盟支持下，配合觀光宣導，在指定年度要盛大舉辦多姿多彩的藝文活動，成為歐洲年度觀光旅遊的重點城市。除了這些文化城市，歐洲也有許多著名城市以年度藝術季節活動吸引大批觀光客共襄盛舉。例如法國的亞維儂戲劇節（Festival Avignon）、坎城影展（Cannes International Film Festival）、英國愛丁堡藝術節（Edinburgh Festival）、義大利威尼斯雙年展（Venice Biennale）等等，不勝列舉。隨著藝術季節辦理的成功，城市的知名度也大為提高，當然觀光客蜂擁而入，使這些城市不但閃亮奪目且財源滾滾，市容繁榮可期。

文化觀光與文化全球化的關聯在於旅客到這些觀光景點停留，不僅對其地理景觀風土人情有較深刻的認識，也同時將旅客原居

地的文化特質隨著文化消費帶到所在地區。例如日本觀光客在購物習性、用餐喜好，甚至娛樂方式，都相當程度反映其民族性，當地旅遊業者也會對這些性格有所體會，而在節目安排或招徠遊客策略上隨之調整。例如日本旅客特別喜愛名牌免稅商品，飲食上仍不忘上當地日本料理店，不少日本男性旅客偏愛按摩泡澡（雖然有些日本客予當地人的印象常被選擇性的誇張描繪），各地旅遊業者難免為迎合主要顧客的口味，衍生出一些混合式的文化產業；此類觀光文化的混雜現象（hybridization），在觀光導遊手冊所列舉的廣告中常可看到。由此可見，文化觀光也衍生出一套被扭曲的觀光文化，很可能製造一些對民族性的誤解或成見（如「法國人較浪漫」之類），至少若干認知的誤差。

二、運動大會與大型國際會議的文化包裝

體育運動與文化觀光有著密切的關係。二〇〇一年二月國際奧林匹克委員會（IOC）曾與世界觀光事業組織（World Tourism Organization）在西班牙巴塞隆納舉行第一屆世界體育運動與觀光旅遊會議，討論兩者間相輔相成的關係（Weed & Bull, 2004）。因為絕大多數體育運動大會，例如從一八九六年第一屆奧林匹克運動會在雅典舉辦以來（當時僅有來自十三國的二百三十個選手），一直維持目前四年一屆、聲勢浩大、傾主辦國全國資源人力籌辦的奧林匹克運動會，以及區域性運動大會如亞洲運動會；以及有些單項運動競賽，如世界盃足球賽、溫布頓網球賽；亦有特定對象的世運，如世界大學運動會，皆能吸引數十萬名現場觀

眾，所以都需要配合辦理觀光活動。特別是文化觀光節目，繽紛精彩，尤為觀眾所喜愛。因此，多數參加運動盛會的觀眾事實上一魚多吃，同時進行觀光旅遊活動；在觀看比賽之餘，有不少機會接受文化洗禮，特別是對舉辦大會所在地的風土人情，增進不少認識。邇來運動觀光（sport tourism）已成為一門學問，「運動全球化」（sport globalization）一詞已相當流行（Houlihan, 2004）。

運動全球化事實上較其他全球化層面開始得早。奧林匹克運動會或其他世界性體育競賽盛會中，選手與部分觀光客來自承辦國家以外的地區，四海菁英與熱心體育人士歡聚一堂，本身就是一種文化接觸。何況任何大型競賽離不開全球化的媒體傳播，連帶也行銷運動文化商品。運動大會不能不靠運動用品廠商及飲料企業的贊助，像 Nike、Adidas、Coca-Cola 之類的廣告，在運動場地同樣觸目可見，球賽或田徑決賽轉播節目中也隨時閃現商業廣告。從廣義的文化觀點論，這類商業廣告何嘗不能稱為運動文化的消費品；與其他文化商品一樣，符號化的附加價值透過比賽傳播到世界各地，明星運動員也常為運動產品加持。至於運動會的開幕式與閉幕式，除了一些漸趨簡短的致詞儀式，多數加入精彩華麗、場面浩大的文化節目，同樣轉播到世界不同角落，讓螢光幕前的觀眾讚嘆歡呼。總之，運動大會經過文化包裝，如同任何產品的包裝一樣，愈來愈講究，其風格除重視所在地文化特色外，也漸遵循一種國際性的傳統而規格化。

要觀察文化全球化，必須附帶一提的是世界性的慈善社團與志工組織的角色，特別是所謂美國式服務性聯誼社團（American-style service clubs）聲勢壯大，影響所及，有些超越多數國際組

織。例如在全球有三萬一千餘分會、會員多達一百三十萬的國際扶輪社（Rotary International），以及有一百四十萬會員遍布全世界一百九十三個國家的國際獅子會（Lions Clubs International）。這些開放性社團的成員多為各地的社會菁英，主要是工商企業的老闆、律師、醫生、教授、建築師及其他舉足輕重的社會領袖，他們在財務上行有餘力，願意參與慈善及社會服務活動，尤其熱衷於社交聯誼活動，期盼廣結善緣，並與其他地區獅友或會友聯繫。因此每逢區域性或全球性年會，出席代表非常踴躍，人數動輒在四、五千人以上，其活動節目除了主題討論外，總是包括文化觀光節目，其熱鬧與豪華程度，猶如一場嘉年華會。意義特別的是，與會代表來自世界不同地區，雖是短暫相聚，同樣是全球化的人員流動不可忽視的一環。

　　跟奧運大會齊驅並美的是世界博覽會，其存在也超過一世紀的歷史。每逢承辦博覽會，其所在城市總是大興土木，建造紀念性建築物。例如巴黎曾多次舉辦世界博覽會，其市區不少觀光景點也是當地世博留下來的紀念性建築，例如艾菲爾鐵塔（Tour Eiffel, 1889）、亞歷山大橋（Pont Alexandre III, 1900）、大皇宮（Grand Palace, 1900）與小皇宮（Petit Palace, 1910）兩博物館、夏育宮博物館（Palace de Chaillot, 1937）等等，已成為法國珍貴的當代文化遺產。可見，世界博覽會雖然重視科技主題的呈現，也不能缺少文化藝術的展示。一般博覽會與世界級運動大會一樣，吸引了來自世界各地數百萬的觀眾。因為博覽會展期較長，例如日本愛知博覽會自二〇〇五年三月二十五日起展期達一百八十五天，預期吸引一千五百萬名觀眾。該主辦單位曾於六月十日進行

單日抽樣調查，顯示當天有十二萬六百二十人進場參觀，包括五千三百零二位外國觀眾（其中有九百三十五位台灣旅客）（據 Japan Association for 2005 World Exposition, Press release, July 5, 2005）。由此可見，文化博覽會也是促進國際旅客流動的動力，同時也是文化全球化的一種催化劑。世界博覽會有數十個國家設館展示具有本土文化特色的主題及文化成品，不啻為超大型的文化櫥窗，使觀眾在鑑賞過程中接受一種多文化教育。

三、知識的新游牧族——高等教育的全球化

雖然早自十九世紀中期，出國留學的風氣就已相當發達，例如，一八二〇至一九二〇年百年期間，單是美國就有九千名留學生與年輕學人遠渡重洋到德國進修（郭為藩，2004：21），但是跟近二十年來全球化現象成熟後的規模相較，可以顯示當前高等教育全球化的情況。專就歐洲地區而論，在歐盟推動下，大學生在歐洲地區的跨境留學或遊學，自一九九〇年代筆直上升，每年多達二、三十萬人。至於來自美、澳、亞、非地區的學生與學術界人士更是難以計數。

歐洲德語地區自二十世紀初曾有「游鳥運動」的存在，大學生不甘只留在一所大學校園完成全部高等教育課程，而選擇遊學的方式，先後於兩、三所大學分別接受期間不等的課程研修，這種遊學風氣也受到高等學府的支持。歐洲聯盟於一九八七年開始推動伊拉斯莫（Erasmus）交流計畫。伊拉斯莫（Desiderius Erasmus, 1469-1536）為中世紀神學者與人文主義大師，出生於鹿特

丹，曾經在修道院苦讀古典經籍，之後到巴黎大學（Sorbonne）研究，並赴牛津大學進修，曾巡迴於歐洲許多學術重鎮講學。因此，伊拉斯莫方案便是用以推動歐洲會員國為主的大學學生在學期間，前往合作的大學從事一學期或一學年的進修，或是大學教師到其他大學訪問講學，這項遊學與交換訪問的計畫受到歐盟獎助金預算的支持。目前約有三十一個國家二千二百所高等學府參與此一學術交流方案。歷年受惠學生人數超過一百二十萬人（據《歐盟文教簡輯》第 14 期，2005：5）。歐盟尚有田普斯（Tempus）方案，性質大致相似，主要在推動歐盟會員國的大學與東歐、中亞、巴爾幹等地區非歐盟國家的大學進行學術訪問交流。自二〇〇四年開始，歐盟又增加了一項稱之為「伊拉斯莫世界」（Erasmus Mundus Programme）的交流方案，提供獎助學金用以鼓勵歐盟地區大學的師生及研究人員，跟非歐盟地區的大學進行交換訪問或短期停留（通常大學生以修習碩士學位為主，一般進行時間一年，最長兩年；學人訪問與講學則為五個月的時間）。

　　實際上，目前世界各國的留學生仍以前往英語國家進修，特別是到美國大學修習學位最為熱門。據經濟合作與發展組織（Organization for Economic Cooperation and Development，簡稱 OECD）的統計（據 Education at a Glance, 2004），在二〇〇二年全世界有一百九十萬名大學生在非落籍國（到外國）留學，其中94%，亦即一百七十八萬人在 OECD 會員國的大學留學，在歐盟國家（當時尚為十五國）則有九十萬人。美國的高等學府吸引了30%的外籍留學生，英國高等學府的外籍學生比例只有 12%，法國為 9%（《歐盟文教簡輯》第 14 期，2005：8）。

另一資料顯示，美國在二〇〇三年吸引五十七萬二千五百零九名外籍學生到其國內的大學留學，單是南加州大學（University of Southern California）就有六千六百四十七人。在美國公私立大學院校註冊的外籍大學生依留學生國籍分析，印度學生最多，高達七萬九千七百三十六人；中國大陸留學生居次，有六萬一千七百六十五人；南韓留學生屬第三，為五萬兩千四百八十四人；日本留學生居第四位，有四萬零八百三十五人；第五位為加拿大，共有兩萬七千零十七人；台灣地區前往美國的留學生人數列第六，共有二萬六千一百七十八人。又以澳大利亞為例，2007年澳洲有三十一萬四千一百八十位外籍學生在其境內大學就讀，其中中國大陸留學生人數最多，高達七萬五千五百五十四人，印度居次，有四萬零一十人，南韓第三，有二萬五千零八十一人（李家宗，2007）。

　　全球化對高等教育最大的衝擊，就是喚醒一些國際級大學在世界高等教育市場上的「競爭力」意識，包括爭取研究資源、頂尖水準師資，吸引優異學生到其校園就讀。為了力爭上游，特別是在國際較重視的大學排行榜上躍升，這些盛譽的學府無不卯足全力，盼能在學術研究上有耀眼的表現。這類大學排行榜參據的指標中通常包括大學的國際化程度，例如校內外籍學生的人數，此外如校內專任教師出席國際學術會議發表論文報告的數據。總之，當前各國大學為面對全球化的校際競爭，以及強化國際合作與學校的國際知名度，無不重視延攬國外師資及吸收外籍學生前來進修。這種風氣影響所及，在高等教育層面的世界性流動也為文化全球化增添一股活力。

四、「空中飛人」的文化混雜認同

　　今日航空業非常忙碌，多數國際機場班機起起落落，熙熙攘攘；旅客也是行色匆匆，僅帶著輕便行李。因為有相當部分的旅行常客，每週總有一半或三分之一時間在機艙與機場轉機室中度過，這些以旅館為家、熟悉國際事務的「空中飛人」，可算是「將時間與空間壓縮」的全球化動物。這些社會領袖或企業菁英穿梭各地去接洽公務或商務，其中不少係為所服務的跨國公司前往各地採購、訂約、視察或解決爭議糾紛，因為當前正是一種「國際性的社會分工」的時代（Mittelman, 2000: 33-57）。整個生產鏈要結合好幾個地區的代工工廠或分公司分別負責特定的生產過程，或利用某些地區的低廉勞工進行所謂「境外生產」（offshoring），或將若干組件與零件發包給不同廠商，所以總公司、海外分公司、合約承包商之間，存在著一種分工現象。這種關係在台灣較普遍地存在於美國加州矽谷、台灣總公司與設在中國大陸的生產線之間，所以經常性的商務旅行對這些跨國企業的幹部來說，是家常便飯。此外，尚有各種頂尖的專業人物：律師、醫生、外交官、演藝人員、明星運動員、新聞採訪的名記者，以及各式公眾人員，也一樣絡繹於國際航線上，習於時差與日夜顛倒的生活。無論以上何種空中飛人，疆界確實被他們踩平了。他們跨越國境如同一般人在同一城市的不同市區漫遊，一日三頓常是在不同城市用餐，有時也分不清付帳時用何種貨幣，因為信用卡在手，實在不必操心準備現鈔或兌換的問題。

這類對疆界意識模糊的旅行常客，是文化全球化最典型的產物。他們能嫻熟操用多種語文，至少是英、法、西班牙等通用語文，習慣於不同文化系統的生活方式，隨遇而安。更值得一提的是，這些全球化塑造的人物或許有雙重國籍（dual citizenship），或具有多重身分，但從性格特徵、觀念態度及生活方式種種角度分析，卻表現出一種「混雜的文化認同」（hybrid identity），亦即他們在生涯過程中將不同文化的生活特質搭配混雜在一起，構成多文化的認同（multicultural identity）。例如在飲食方面仍然離不開中國料理、在專業討論上習於使用英文、看電視喜歡美式足球或《慾望城市》之類美式染色節目，雖然偶爾到天主教教堂參加彌撒，但是假期也會參加禪修活動……。這些某種意義上的「多文化公民」（multicultural citizenship），在人格品質上也有不同民族性混合的痕跡。一般來說，有國際視野的時代人物，思想觀念顯得較開明，對異類具有較寬廣的容納性。文化全球化在他們身上產生的不僅是「量積」（將不同的文化特質堆砌於一身），而且產生「質變」（融合貫串而成為另一類型的人格，暫且稱為「全球化人格」）。

　　歐盟自一九九二年《馬斯垂克公約》以後，逐漸出現「歐洲公民」的概念。因為在單一歐洲成形以後，歐洲參加《申根簽證公約》的國家範圍正在擴大，歐盟會員國間的邊界實際上幾乎完全撤除，會員國公民可以通行無阻地跨境旅行、購物，甚至定居，所以歐盟會員國的國民理論上也是歐洲公民。可是學術界另有一種聲音，強調歐洲公民應該是超越國家概念的，不但具有歐洲意識，而且對歐洲文化要有心理認同。在政策上，歐盟正積極推動

「歐洲文化區域」，促進歐洲公民的文化認同；在高等教育方面，早自一九九九年的《波隆那（Bologna）宣言》起，決定在二○一○年前完成「歐洲高等教育區域」（European Higher Education Area）的建構。此一高等教育區域的主要特徵，除了歐盟會員國及若干非會員國高等教學體制的整合統協，以及文憑學分的相互認可外，特別強調歐洲品牌（European label）與歐洲面向（European dimension），盼能在課程內涵與校園文化上彰顯歐洲文化特色。從這個角度來看，歐盟會員國家所涵蓋的廣大領域，疆界的模糊化與文化的混合化已經全面進行中。即使這種多面向的文化交流不完全等於全球化，至少正趨於「歐洲化」或「區域化」，歐陸一向濃烈的民族文化意識正趨於淡漠，混雜的多文化認同慢慢在形成。

第三節 ▶▷ 文化全球化的政策意涵：結語

全球化的過程將原來大眾社會刺激物品消費的經濟型態帶向高潮。在消費市場走向國際化而顯得海闊天空的情勢下，跨國公司卯足全力，運用強勢的傳播媒體行銷其產品。但是，隨著經濟發展及一般消費者購買力的提高，加上對消費品素質及品味逐漸講究的壓力下，一般市場不僅對商品的文化包裝愈來愈重視，超越物質的文化產品也被大量生產而趨於商品化，且進入國際市場的角逐中。這一個層面的文化現象最明顯的例證就是消費者對「名牌」的迷戀。事實上，不少消費者選購商品，在很多情形下非為

滿足貨品物質上的實用價值而消費，反而是為心理上的消費驅使，或者說是為消費而消費，特別是為商品的品牌象徵價值、為認同商品的符號所隱示的身分、為認同商品的文化包裝（包括呈現樣式、時髦程度、符號意義，以及與自身生活風格的搭配度）而進行消費行為。所以在當前自由競爭的市場上，品牌的建立固然是經濟的策略，卻是反映文化消費的現象。

但是建立消費大眾所接納，或是所鍾愛的品牌而成為名牌卻非易事，就像一部好萊塢拍攝的電影動輒數千萬美元的行銷廣告與公關費用，倘若缺乏雄厚投資的奧援，尤其是跟媒體霸權的系統搭上線，欲求打開知名度是相當艱辛的過程。特別在文化產業方面。所以政府的支持與否，在全球化的開放市場與自由競爭中，成為見仁見智的論題。在文化全球化全面出現前的一九八〇年代，新自由主義（Neoliberalism）盛行，從英國首相柴契爾（Margaret Thatcher）的柴契爾主義開始，到一九八〇年雷根（Ronald Reagan）主政兩任美國總統倡導的雷根主義，稍後一九八四年加拿大穆若尼（Brian Mulroney）的跟進，歐美主要國家在新自由主義政策鼓吹下，很多政府傾向採行較放任的市場決定策略，所以鬆綁、私有化（privatization）與自由化（liberalization）大行其道（Stromquist, 2002: 25-31）。配合稍後經貿全球化的帶動，政府只重視產業競爭力，充分尊重自由市場功能，讓市場來決定勝利者與失敗者。許多文化產業包括高等學府在面對優勝劣敗的挑戰下，為求「適者生存」，不得不擺下身段，調整體質，即使扭曲原有的功能也在所不惜，以適應市場主義的律則（Bok, 2003），這種新情勢在世貿組織（WTO）的影響，在日正當中的今日尤為

明顯。

　　文化全球化所意味的自由市場法則，似乎隱示文化政策若只閉門高談民族文化本位政策，在當前情況下已行不通，因為傳媒利器已將早期可以自我保護的門戶恣意地打開。政治疆域在「電視無國界」、「網路難設限」的現實下，成為區域化的一部分，至少民族國家的觀念已趨於淡薄。雖然在世界貿易組織及一些關稅協議的名堂下，政府的補貼或補助外銷政策時常受到杯葛，但是文化政策卻不能在文化產業的領域採取完全放任不顧的態度。因為在強勢的跨國企業集團大軍壓境下，具有民族文化特色的文化商品難能有一較長短的機會。所以政府仍然有責任扶植文化產業，特別是影視產業、觀光產業、高等學術研究及關鍵性的、初出茅廬的文化創意方案。至少在厚植競爭力的奠基階段，文化產業有待政府的支持來滋養體質，並做好周邊的基礎建設。目前歐洲在影視傳播產業方面堅持「文化例外」的策略，固然為維護文化上多姿多彩的風貌，深恐體質尚弱的歐陸各國文化特色夭折；實質上，也是針對以美國為主的影視霸權在文化全球化的風潮下，宰制國際市場。近年南韓政府在推動韓流於世界市場，特別是東亞及南亞地區，頗見績效。在喝采之餘，也值得深入探討。韓國政府從金大中政府時期就大力投資家庭寬頻上網的建設，初步的成果是韓國線上遊戲異軍突起，有國內市場的基礎。南韓又接著經營文化內容產業，設立文化內容振興院，協助企業投資創意產業，並慷慨獎助培訓編劇及演藝人才。其文化觀光部對韓國電影事業支持不遺餘力，同時積極輔導網上遊戲軟體的開發，設立遊戲軟體開發院，這些努力促成目前年產三十三億美元的遊戲產業，

而韓國電視劇如《冬季戀歌》、《大長今》、《明成皇后》等，也頗富民族文化色調，卻能紅遍東亞市場一片天。最近南韓政府又野心勃勃，準備進軍國際影視霸業，在若干大賣場籌設「韓流體驗館」，開拓另一類的主題園區產業。據報載（2005.5.10《中國時報》理財欄），南韓政府為推廣其大眾文化，透過商業協商，已經說服北京方面同意在中國大陸設立一百家至兩百家電影院，似乎比好萊塢捷足先登。可見，文化產業的振興，仍然需要政府具有國際視野的文化政策，尤其是實質的支持，調整體質的策略，才有競爭力可言。

從當代思潮的發展時序來看，全球化的觀念顯然是承續自現代化理論。經過兩次世界大戰的蹂躪，戰後現代化的思潮如日中天，無論是已發展的國家或開發中的地區，各國政府無不以建設現代化的國土為號召，充滿憧憬，並分別建構其現代化的藍圖。但是全球化理論崛起之後，似乎宣告另一挑戰現代化的理念代興，預言後現代化階段的來臨。一些新詞彙如後現代性（post-modernity）、後資本主義（post-capitalism）、後工業社會（post-industrial society）、後殖民主義（post-colonialism）、後結構主義（post-structuralism）等等名詞，充滿在社會分析、文化理論與經濟發展學說的論述中。後現代性的概念不見得是代替「現代性」（modernity）的概念，但至少是對現代化理論的挑戰與反省，或者說是對早期學者過分樂觀與迷信現代化的警醒。"post-"字首在中文中如何妥適譯出，一直見仁見智，值得斟酌。以「後現代性」（post-modernity）為例，是現代性的後期發展（構成現代性的一部分），抑或現代性特徵結束後另一新階段的開啟？在學術

著作中頗多混淆的觀點。

　　專就文化全球化的浮現，現代性與後現代性似乎是並存的。在現代化國家建設過程中，各國文化系統有較具現代性的文化特質部分，一般視之為「高雅文化」或「精緻文化」（fine culture），是現代化的主流文化，通常是社會菁英或社經地位中上階層有機會接近利用，並用以裝飾其身分的文化素材與生活風格（life style）。以音樂而論，如管弦樂、歌劇、鋼琴等等；從古代中國的禮、樂、射、御、書、數六藝教育，及歷代文人講究的琴棋書畫品味，一向是傳統博雅教育（liberal education）的內容，是有閒階級（希臘城邦時期的自由人，故稱 "liberal"）的專利品。現代化社會中，這些高雅文化的產物經過時代包裝，成為華貴的音樂廳、歌劇院、美術館、文化中心的主角。在高雅文化的邊緣，歷來總有勞苦大眾自娛的技藝或其生活方式，此即所謂「通俗文化」或「大眾文化」（mass culture），昔時走江湖賣藝的演出、各種民俗藝術，都可予以納入。近二、三十年來由於影視產業的發展、藝術教育的普及，以及一般民眾消費能力的提高，高雅文化與通俗文化的界線已模糊化，電影、電視節目、錄影器材與碟片的消費，打破了社會階層的區隔，餐廳、藝廊、書城、美食沙龍，經過時髦的文化包裝，只能歸之為「流行文化」的一種表現，再也無法用早期的二分法（「高雅」或「大眾」）來分類。後現代性並非抵制高雅文化，而是杯葛文化的兩極化、對立論，將其焦點放在起伏不定、乍冷乍熱的流行文化，多彩多姿的次文化。

　　進入全球化以後，各式流行文化如虎添翼，透過現代傳播網

絡，掀起文化消費熱潮。誠如高宣揚所指出，流行文化具有群眾性、日常生活性、技術複雜性、浮動性及非理性等特質（高宣揚，2002：108-137）。所以，流行文化的內容易成為對傳統所謂高雅文化較難接近、格格不入或有距離的庸碌大眾另一類選擇，為其閒暇生活的新出路（例如看電視或錄影帶）；對於一向涵泳於精緻藝術的社會菁英，有大部分人的一部分時間仍然為流行文化所吸引。流行文化的概念實質上是排斥雙元對立的，古典音樂或歌劇可複製成影碟而成為文化消費商品，其他次文化仍然可成為文化商品的內容，在多元文化主義（multiculturalism）盛行的全球化文化產業市場，維護文化的多姿多彩性成為一種共識，只是在尊重市場的自由競爭法則下，文化霸權雖不一定指若干特定的國家，卻可能是若干超級跨國公司（文化產業集團），挾其雄厚資源與行銷網絡，宰制市場供需，製造消費慾望，掀起流行文化的風潮。後現代性的文化消費觀也指出，消費者對於商品的需求不限於物質的實用價值層次，一般大眾也時常在流行文化的煽動下，不自覺地成為品牌符號的消費者，這種現象也是流行文化的一種呈現。

在文化政策上，政府對流行文化不宜敵視，但也不宜漠視或放任。在自由市場上，劣幣固然威脅良幣，良幣同樣可能抑制劣幣，引導文化品味的提升。所以，文化素養的教育、精緻節目的製作、創作環境的改善、藝術人才的照顧，以及透過有效的補助政策對卓越文化產業的扶持，乃是政府不可推卸的職責。試以加拿大為例，加拿大的電影院影片以及電視頻道上的影片有 95% 來自美國。一九九六年加拿大政府創立加拿大電視基金（Canada Television Fund），以自製電視節目企圖扭轉這種不正常的趨勢

（Croteau & Hoynes, 2003: 357）。又歐盟的文化政策要求歐盟會員國的電視節目應有 51%以上為歐洲自製節目，亦是同樣的道理。反觀國內近百有線與無線電視頻道（約五百萬收視戶），卻成為開放性的自由市場，從好萊塢電影、日本卡通、偶像劇、趣味綜藝到韓流節目、港劇、大陸歷史劇，形形色色，卻難見到高水準的國產影片，當前的影視文化政策豈非值得深入檢討？

全球視野的文化政策

第二章

文化政策的範疇：
從主要國家文化行政體制探討

　　「文化」一詞本身就是相當籠統的概念。中國傳統的文化意涵，概括人類各族群在其求生存並謀改善生活的適應過程中，一代代傳遞下來的有形與無形遺產。這些所謂的「文化財」（cultural heritage，或稱「文化資產」），反映出族群及民族的生活方式，所累積的社會生活經驗與用以解釋自然現象的各種觀念。因此，舉凡史蹟、文物、民俗活動、生活禮儀、文學藝術、語言文字、典章制度、科學技藝，以及倫理規範、生活品味、人生觀與宇宙觀……，從具體到抽象，皆被泛稱為文化。總之，文化在歷代典籍中，幾乎被視同「人文」，用以與「自然」（天文）相對。《周易》有「觀乎天文，以察時變；觀乎人文，以化成天下」一句話，文化的功能就是人文化成，用以陶冶人文氣質，提高生活品質、

生活品德與生活品味。

　　但是從文化政策的角度論，文化的範疇既不是無所不包，亦不宜泛泛而談。一般文化政策的探討，學者首先要問的是 "what"（政策的內容），其次問 "why"（政策的產生背景），最後研討 "how"（政策的形成過程，如何法制化），此所謂「三W」。探討政策的內容，當然要確認文化政策的範疇，瞭解文化行政的領域。如同學術上的分門別類，行政組織的各部門在主管業務上彼此亦有分工。一般政府的文化行政業務，固然參照文化的約定俗成意涵來規範其範圍及主管機關的隸屬，也有依照行政運作的實際需要來劃定，所以各國文化行政體制之間頗多差異。文化政策的範疇究竟如何？各國法規事實上也很少明白界定；為釐清其輪廓，本文試介紹若干文化行政體系較完整的國家現行的中央或聯邦文化行政組織，特別是其內部業務部門的劃分。一方面用以認識國外文化行政組織的模式與特色，另一方面試圖浮現文化政策的疆域，以利本書後面各章分別就文化政策的重要主題進行較深入的探討。

第一節 ▶▷ 文化業務單獨設部的體制

　　世界各國文化行政體制大致可分幾種類型：其一為不設文化部門，文化補助及重大業務推展，主要透過基金會，例如美國有發展成熟而勢力龐大的基金會系統，所以聯邦政府迄無文化部會職掌文化建設的規劃與獎助。第二種類型為專設文化行政部會，

或與其他相關業務合設一部，例如傳播、體育、青少年活動、觀光等等。這類國家案例很多，二次世界大戰前的歐洲社會主義國家幾乎都設有文化部。本章特就較具規模而具有類型參考價值的法國及英國為例加以介紹。南韓近年於文化建設不遺餘力，雖其文化部組織與英國相當類似，本章也一併介紹。第三類是全國文化行政部門隸屬於另一相關大部會下，如日本的文化廳就是屬於這一類型的範例。國內早期的教育部文化局（1967-1973）也是一例。對於第三類型，本章亦設一專節舉例討論。

一、法國中央文化行政組織的沿革

一九五九年戴高樂（Charles de Gaulle）建立法國第五共和並當選總統，法國的中央政府功能也從此強化。在新政府建構中，內閣增加了文化部，戴高樂並任命其長期戰友、同時為著名的前衛作家馬爾侯（André Malraux）為國務部長（Ministre d'Etat）並主持新成立的文化部（稍後改稱「文化與傳播部」）。法國的文化部可說是西方國家的文化部中成立較早，且組織體制較完整而規模較龐大者，所以本章將法國中央文化行政機關的沿革略作介紹，因為法國的文化部後來成為歐洲很多國家中央文化行政機關的範例。

法國中央政府文化政策的存在，可追溯到法國大革命（一七八九）之後不久。隨著路易十六被推上斷頭台而帝制被推翻後，皇室及很多王公貴族收藏的藝術品、圖書典籍也被革命黨團沒收充公，清查保管這些充公的文化珍品成為當時政府重大的課題（清

查工作自一七九四年開始）；同時，暴民搶劫與破壞公共建築的情形非常猖獗，防止傳統建築受損亦成為文物保護的要務。革命政府於一七九三年八月於羅浮宮（當時為皇宮的一部分）成立共和博物館，一七九四年又立法成立國家檔案館，一七九五年成立國家圖書館（過去法國皇室設有皇家圖書館），一七八八年亦即法國大革命前約收藏有十四萬冊圖書；經大革命時期的破壞，一七九一年清查時尚保有近十萬冊圖書。一七九三年，革命政府又在巴黎成立科學博物館（全稱 Musée Scientifique du Conservatoire des Arts et Metier）與國立自然史博物館。法國在十八世紀末成立的這些文化機構多是利用向皇室沒收的房舍所設置，但在此同時，社會普遍對博物館的教育功能漸有認識。到了十九世紀初，法國政府決定在各大城市分別設立藝術博物館（即美術館），另在大巴黎地區又增設多所專題博物館（例如 Sèvres 的陶瓷博物館）。基於這種業務督導的需要，法國內政部在一七九二年設有藝術行政的單位，一八三〇年又建置歷史文物督導處（Inspection des monuments historique），並於一八四八年正式在內政部設立博物館司，將上述藝術行政與博物館督導業務劃入這個新部門掌管。

　　一八七〇年，法國的藝術行政業務自內政部劃歸教育部；自此以後，法國中央政府的文化行政也跟教育行政存在密切的關係。一八七五年法國的教育部（當時全稱為公共教育、祭祀與藝術部，Le Ministère de l'Instruction Publique, des Cultes et des Beaux-Arts）設立藝術高等委員會（Le Conseil Supérieur des Beaux-Arts），由部長擔任主任委員，教育部秘書長及藝術司司長兼任副主委，委員中包括十二位專業藝術家。一九四〇年，法國政府

鑑於電影事業日漸重要，特別在負責新聞業務的閣員主持下，設立一個電影工業委員會（Le Comité d'organisation de l'industrie cinématographique），推動製片、編劇、導演、演員的培育照顧、影片行銷、電影院經營的輔導等業務。這是法國政府將影視產業納入行政職掌的濫觴。

　　二次世界大戰結束後，法國的國家教育部（Le Ministère de l'Education Nationale）重新調整各司處的業務職掌，於一九四五年八月設置藝文局（la Direction générale des arts et des lettres），下分五處一會，分別為美術處、博物館處、音樂與演藝處、圖書館與公共閱覽處、法國檔案處以及文藝委員會。同年法國教育部又設建築局（la Direction générale de l'architecture），下分二處一會，即房屋、皇宮與都市管理處，歷史建築與紀念性建築處，遺址、景觀與名勝委員會。前述房屋（bâtiments）係指民間房舍建築，而皇宮（palais）專指重大公共建築，如紀念館、集會大廳堂等場所。法國文化行政重視地標型建築與都市景觀，其來有自，將建築業務併到文化行政，足見都市規劃與文化政策的關係，亦蔚為法國文化行政的特色。

　　法國戰後第四共和期間，政局不甚穩定，內閣更迭頻繁。一九四七年四月曾一度成立青年、藝術與文藝部（Le Ministère de la Jeunesse, des Arts et des Lettres），其業務除了承接前述教育部掌理的藝文局、建築局有關業務外，尚包括體育運動局（la Direction générale de l'éducation physique et des sports）。此外，又將電影事業及著作權業務一併劃入，已隱然具有文化部的規模；文化行政與體育行政的整合，法國算是開始很早，但是後來又分途各自獨

立成一部會了。

二、法國文化部的組織與其擴充

　　法國第五共和在一九五九年肇建的首任文化部長係以國務部長的崇高身分兼管文化事務。事實上，馬爾侯部長於一九五八年七月的內閣中就是主管新聞行政的政務部長（Ministre délégué 近乎政務次長，但有本身自主的主管政務）；所以，文化行政在法國一開始的地位就頗為突出，且與傳播業務掛鉤。文化部初建時，主管業務範圍不大，除了一般行政處外，只有藝文局、建築司與法國檔案司四單位。一九七〇年十月文化部增設戲劇、文化中心與文藝司（La Direction du Théatre, des Maisons de la Culture et des Lettres），以配合在各地區設立文化中心的計畫。一九七七年配合分權化（decentralisation）的推動，文化部在全國各區（régions）設立區域文化事務辦公處，並置派地區文化主管，稱為 "directeur régional des affaires culturelles" 的文化處長，代表中央推動該地區文化業務。一九七八年，文化部增設文化資產司（La Direction du patrimoine），次年（1979）文化部重組，名稱改為文化與傳播部（Le Ministère de la Culture et de la Communication）。下設法國檔案司、法國博物館司、戲劇與表演司、音樂司、圖書司、文化資產司、一般行政司、創作與技藝委員會，另有國立電影中心直隸於文化部以推動電影業務。一九八二年的文化傳播部組織條例中又將音樂司改稱為音樂舞蹈司，另增美術委員會。一九九八年文化部將文化資產司（La Direction du Patrimoine）改稱

建築與文化資產司，並將音樂舞蹈司及戲劇與表演司合併成音樂、舞蹈、戲劇與表演司。截至二十一世紀初期，法國文化及傳播部掌管的業務基本上包括下面各項業務：

- 重要藝術品與檔案文獻典藏的監督；
- 歷史建築與古蹟的修護與鑑定管理；
- 國立表演藝術廳堂及劇院的督導；
- 監督國家博物館的經營；
- 電影製片與視聽數位媒體政策；
- 推動法語推廣與國際文化交流；
（目前與外交部共同監督主導機構：Institut Français）；
- 規劃與補助公共電視的經營；
- 督導各地區文化中心的運作；
- 推動公共藝術與區域文化發展規劃。

法國文化及傳播部自一九五九年二月成立之後，歷經二十六位部長（其中曾到台灣訪問的 Jack Lang 部長曾三度獲聘），現任（二〇一八年迄今）文化部部長是 Franck Riester（1974- ），為前庫洛米耶（Coulommiers）市長。文化部的專職人員有 10,928 人（扣掉國立文化機構專職人員也有兩千人左右）。由於法國各部會的組織很彈性，可由部長視需要分併自如，加以調整，所以變動頻繁，且幅度甚大。文化部的內部組織除了部長室、秘書室、文化視導處、勳章榮衛事務室，以及各類諮議委員會外，尚設有以下幾個司處單位：

- 一般業務司（DAG）
- 建築與文化資產司（DAPA）

· 檔案司（DAF）

· 媒體發展司（DDM）

· 圖書與閱覽司（DLL）

· 音樂、舞蹈、戲劇與表演藝術司（DMDTS）

· 博物館司（DMF）

· 視覺藝術處（DAP）

· 國際事務與發展處（DDAI）

· 地區文化發展司（DRAC）

· 法語與法國方言司（DGLFLF）

· 國立電影中心（CNC）

· 縣市公共建築與古蹟處（SDAP）

（據 http://profiles.culturalpolicies.net/profiles/france-2.php）

　　法國文化部掌理的業務尚包括若干國立文化機構與教育機構，如羅浮宮學院（l'Ecole du Louvre）、國立文化資產學院（l'Ecole Nationale du Patrimoine）、國立視聽教育研究所（l'Institut National de l'Audiovisuel）、國立音樂城（la Cité de la Musique）、國家圖書館（la Bibliothèque Nationale de France）、龐畢度文化中心（le Centre National d'Art et de Culture George Pompidou）、法國戲劇院（la Comédie Française）等等。

　　法國文化部 2017 年度預算接近一百億歐元，較前一年（2016）增加 5.5%。在全國文化預算中最重要的一部分為文化資產保護，包括博物館年度預算三億六千六百萬歐元，文化資產修護三億五千九百萬歐元，均較前一年增加 7%，所以法國文化部的建築與古蹟司是一個很龐大的行政單位，文化部也協助各地區文化古蹟與歷史建築的維護與修復。

二〇一二年第二十三任文化部長Aurélie Filippetti就任後，除維持幕僚單位如部長室、部史委員會、文化事務視導處、資訊與傳播處、秘書長室等行政配合單位外，將業務單位組合成三大總署及一總局：

1. 文化資產總署（Direction générale des patrimoines）：包括掌管建築、檔案、博物館、歷史紀念價值的資產、考古挖掘等業務之有關行政部門；

2. 藝術創作總署（Direction générale de la création artistique）：包括造形藝術、表演藝術、特技表演等行政部門；

3. 傳播媒體與文化產業總署（Direction générale des medias et des industries culturelles）：包括軟體產業、攝影與音樂產業、圖書與閱讀、媒體業等有關行政部門；

4. 法語推廣與境內主要方言總局（Délégation générale à la langue française et aux Langues de France）：除了法國境內各種重要地方語言的推廣外，以推廣法語於世界為宗旨而設立的法語聯合推廣協會（Alliance française）雖由外交部為主導，亦有獨立自主的人事及財務系統，文化部也扮演關鍵性角色，此一總局就是協辦部門。

三、英國文化、媒體與運動部的業務職掌

有悠久歷史傳統的英國，向來不太樂道文化部或中央政府文化事權統一，所以中央文化業務向來是藝術委員會（The Arts

Council）及其各地分會專責其事。直到一九九○年代，英國鑑於文化創意產業的前程似錦，所以先是在一九九二年成立文化資產部（The Department of National Heritage），稍後於一九九七年大張旗鼓設置數位文化、媒體與運動部（The Department for Digital Culture, Media and Sport），在部長（Secretary of State）之下，分設三位次長（政務次長稱為 Minister of State，常務次長通常稱 Undersecretary of State）分掌創意產業與藝術、博物館、圖書館事務，與媒體、運動與觀光事業。英國的文化、媒體與運動部的最大特色是推動創意產業與觀光事業，而且主管全國的博奕事業與彩券營利的分配。此外，英國的文化、媒體與運動部也主管建築與歷史古蹟的維護。當然顧名思義，全國體育事務及運動施設的推廣，也是此文化、媒體及運動部的職掌。

　　英國無論是部長或政務次長皆由國會議員兼任，所以都要經過地方選舉的考驗。英國文化媒體與運動部本身專職人員不算很多，大約有五、六百人；主要因為過去的藝術委員會系統依然在運作，尤其是透過專案委辦及經費委託方式交付承辦，所以中央文化行政雖高列每年十五億英鎊以上預算，且監督接近三十個全國性文化藝術與傳播機構與單位，包括大英博物館、國家畫廊、維多利亞和亞伯博物館、全國博奕委員會、自然史博物館，當然也包括英國藝術委員會（Arts Council England），還是勝任稱職。英國數位文化、媒體與運動部的部長常隨內閣改組而更換，自二○一五年任職文化部部長的 Maria Miller 由財政專長的 Sajid Javid 接任，現任（二○二○年二月迄今）則為 Oliver Dowden 先生。文化部的組職架構也略有調整，試以圖一、圖二簡要介紹如下：

數位文化、媒體與運動部部長
（Secretary of State for Digital, Culture, Media and Sport）

主管藝術業務的次長
（Minister of State for the Arts）

主管體育與觀光業務的次長
（Minister of Sport and Tourism）

主管文化、傳播及創意產業業務的次長
（Minister of Culture, Communication & Creative Industries）

執行長（Permanent Secretary）

主任秘書（Chief Operating Officer）

部長室主任
（Principal Private Secretary to the Secretary of State）

政策顧問群（Special advisors）

財務與產業發展
（第三局）局長
（Director General）
- 文化創意產業處
- 觀光事業處
- 博奕、彩券與執照業務處
- 國家彩券收益運用處

兒童、青年與社區業務
（第一、二局）局長
- 藝術與文化處
- 博物館與文化資產處
- 政府文化收藏品管理處
- 圖書館與社區文化處
- 學校體育與運動俱樂部事務處

有關特別任務
（第四局）局長
- 奧林匹克運動會籌備事務處
- 財務企劃與政策規劃處
- 新聞傳播與策略研究處
- 法律諮詢參事室
- 人事業務室

圖一 英國數位文化、媒體與運動部的組織架構

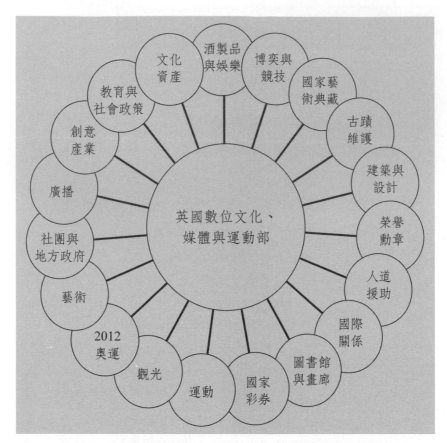

圖二　英國數位文化、媒體與運動部的業務職掌

資料來源：邱大環等，英國文化部對彩券業務的管理與收益運用（專案報告打字本，2008），頁 18。

四、加拿大與澳大利亞文化部簡介

　　加拿大與澳大利亞因屬大英聯邦，在文化行政方面，與英國相當接近，尤以澳大利亞為然。加拿大於一九六九年就成立傳播部（The Department of Communications），一九八〇年以後，此一

傳播部也兼管一部分聯邦文化與藝術事務。一九九三年受了英國的影響，加拿大設立文化資產部（The Department of Canadian Heritage），亦兼管一部分全國性或國際體育運動事務（主要文化業務仍然分別由各省文化部門掌理），故置有兩位政務次長（亦稱Minister of State），其中一位主管文化事務與語言事務（加拿大有英語與法語兩種官方語文），另一為主管運動與大型節慶活動（sport and major events），下面設有四個司，如文化事務、資產與公民事務、體育與慶典活動、規劃與策略發展等，各司業務與分工可能隨時依部長更替而調整。基本上加拿大是分權制國家，且人口稀少，文化事權主要落在各省（provinces），如英屬維多利亞省、魁北克省……等等。

澳大利亞的文化部全稱為「傳播、資訊技術與藝術部」（The Department of Communications, Information Technology and the Arts），部長之下置有兩位次長（Minister for Communication and Information Technology 及 Minister for the Arts and Sports），所以，體育運動業務實際上亦隸屬此一文化部門掌理。澳大利亞的聯邦文化部門最主要的業務是電影和新媒體、智慧財產權、表演藝術與文學、國家檔案、運動競技等方面。澳洲國家廣播公司、澳洲國家圖書館及國家藝廊（National Gallery of Australia）亦受其監督。此外，澳洲電影委員會（Australian Film Commission）、澳洲運動委員會（Australian Sports Commission）雖然業務獨立，但預算仍編列在此一全國性文化行政部門。澳洲全稱應為 Commonwealth of Australia，全國人口跟台灣相近，但面積廣達七百六十九萬平方公里，分為六州：新南威爾斯（New South Wales）、昆

士蘭（Queensland）、南澳洲（South Australia）、西澳洲（Western Australia）、塔斯馬尼亞（Tasmania）、維多利亞（Victoria）和兩個自治區領地。跟加拿大一樣，文化事權落在地方各州，因地制宜。

五、南韓文化觀光部的組織架構

在東亞國家中，大韓民國的中央文化行政部門雖然成立較晚，但其組織架構龐大，業務範圍包括文化資產保護、文化產業推動、藝術創作獎勵、觀光事業發展、體育運動發展、文化設施管理與改善，甚至包括宗教事務，難怪組織員額多達兩千人，是一個重要的部門。單就業務範圍而言，與英國文化、媒體與運動部相當接近。其部長稱長官。下面以簡要架構圖（圖三）表示：

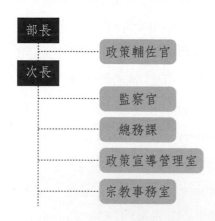

圖三　韓國文化觀光部組織架構

文化政策局 ────── 文化政策課
國語與民族文化課
地方文化課
國際文化合作課
空間文化課

藝術局 ────── 藝術政策課
基礎藝術振興課
文化藝術教育課

文化產業局 ────── 文化產業政策課
著作權課
影像產業振興課
遊戲產業課
文化技術人力課
內容產業振興課

文化媒體局 ────── 文化媒體產業振興課
廣播廣告課
出版產業課

觀光局 ────── 觀光政策課
旅遊資源課
體育休閒產業課
國際觀光課

體育局 ────── 體育政策課
生活體育課
體育休閒產業課
國際體育課
殘疾人體育課

觀光休閒都市推進企劃團 ────── 企劃總務組
觀光休閒設施組
投資支援組
對外合作組

獨立財團法人
➤韓國文化藝術推動基金會
➤韓國國際交流財團（Korea Foundation）

圖三　韓國文化觀光部組織架構（續）

南韓政府早於一九七三年成立韓國文化藝術推動基金會（The Korean Culture and Arts Promotion Fund），性質上跟國內的國家文化藝術基金會頗為相似，但較後者設立為早。設基金會的功能在補助與評鑑各類文化藝術計畫，其重點在表演藝術與造形藝術方面，也包括文學創作與出版。另一重點為推動國際文化交流及人才培育的獎助。基金會本身經營有當代藝術展覽廳、劇院、表演藝術中心及藝文圖書館，故具有相當規模。

第二節 ▶▷ 文化與教育合部的行政體制

一、日本的文部科學省文化廳（MEXT）

　　教育與文化兩領域的行政業務關係一向非常密切，就業務量與預算額而言，文化業務的規模如單獨設部，與其他部會並列內閣部會，有時並不相當對稱。所以不少國家一直維持文化與教育，甚至包括體育運動與青少年業務合為一部的行政體制。以前節所介紹的法國而言，在文化傳播部專設一部之前，也是隸屬公共教育部內；後來雖然設部，在密特朗政府（1982 年之後）有相當長的時間，教育部與文化傳播部雖然並列，但首長同一，均以傑克・朗（Jack Lang）為部長。日本的中央行政體制，文化行政亦與中小學教育、體育行政、科技研究行政、青少年與體育運動業務合為一部，簡稱「文部科學省」（英文正式全稱為 The Ministry of

Education, Culture, Sport, Science and Technology，簡稱 MEXT）。
不過日本文部科學省的系統內，文化行政與其他兩項業務（科技
研究與體育運動）並非等位，文化行政有完全自主的體系，稱為
文化廳，這種體制相當類似國內於一九六七年成立、一九七三年
裁撤的教育部文化局。文化廳隸屬文部科學省。

日本的內閣行政體制，除了內閣官署（即秘書處）、法制局、
人事院、防衛廳等直隸首相的單位外，主要由九個稱為「省」的
部會組成：即國土交通省、經濟農業省、農林水產省、厚生勞動
省、文部科學省、財務省、外務省、法務省、總務省等。文部科
學省就是教育部，置有文部科學大臣（部長）、副大臣（副部
長）、事務次官（常務次長）等；但跟這些副部長、次長平行的，
尚有文化廳長官，其地位類似國內前教育部文化局局長，現任首
長為二○一○年出任的近藤誠一。文部科學省文化廳的業務雖相
當龐雜，但年度預算相對不多，以二○一三年為例，預算只有
1033 億 4 千萬日圓（大致包括藝術創作 169 億、文化資產保護
441 億、國際文化推廣交流 380 億）（參閱文化廳出版，Policy of
Cultural Affairs in Japan, 2013）。在整個文部科學省的預算分配來
看，並不算大。文部科學省的組織架構，除了地位特殊的文化廳
外，包括七個業務局，分別為：終身學習政策局、初等暨中等教
育局、高等教育局（包括私立學校教育司）、科學與技術政策局、
研究振興局、研究開發局、運動與青少年事務局，另有國際事務
署，推動國際教育合作交流的業務。

文化廳的組織體制，除了長官官房（即秘書處，下設政策課、
著作權課、國際課）外，只有兩個相等於局的司處單位，稱為文

化部（亦即文化處，下分藝術文化課、國語課、宗教事務課）與文化財部（即文化資產處），下分設傳統文化課、美術學藝課、紀念文物課、參事室等。此外，文化廳尚監督日本藝術院、文化資產研究所、日本藝術文化振興會、國立國語研究所，以及東京、京都、奈良等地的國立博物館與美術館行政法人。

在審議組織方面，日本文部科學省設有三個審議委員會，分別為中央教育審議會、科學技術審議會以及文化審議會。此外，文化廳為監督宗教法人的需要，另設有宗教法人審議會。

日本文化廳的職掌主要包括下列八項：(1)藝術創造活動的獎勵與促進；(2)地域文化產業的支援與振興；(3)文化資產的保存與活用；(4)著作權的保護與活用；(5)日本國語政策的策劃推廣；(6)國際文化交流的推動；(7)文化資訊的推廣；(8)國立文化機構設施的監督。此外，宗教事務行政亦納入於文化廳的業務職掌內。

二、奧、荷與瑞典的文化行政職掌

在歐陸國家中，雖然文化部體制的存在相當普遍，尤其是東歐與中歐先前的社會主義國家為然；不過將文化與教育合為一部的情形亦有若干，例如荷蘭、奧地利、西班牙及瑞典等國家。瑞典原是自一九九四年就改制稱文化部，二○○四年十月的政府組織改造，決定將文化部與教育部合併，並將學術研究業務加入，合稱教育、研究與文化部（Utbildnings-och Kultur-departementet，英文名稱為 The Ministry of Education, Reseach and Culture）。

奧地利與德國的行政制度相當接近，屬於聯邦國家，依照憲法，文化行政職掌主要歸屬各邦（Bundesländer），但聯邦政府仍對國家圖書館、國立博物館、國家劇院、歷史古蹟、宗教事務具有掌理的職權。一九九七年，藝術行政併同媒體政策正式移歸聯邦總理府（Federal Chancellery），並由總理指定一位國務委員（State Secretary）主持其事，總理府中亦有藝術局（The Arts Department），而此國務委員的權責在促進藝術創作與表演藝術活動，推動電影與媒體產業，支援出版事務、國際文化交流、文學創作獎勵，以及協調對歐盟的文化事務。奧地利的電影研究中心（Austrian Film Institute，簡稱ÔFI）亦併同聯邦設立的國家劇院、維也納國家歌劇院、維也納輕歌劇院（Volksoper Wien）等等歸總理府的藝術局監督。

奧地利在聯邦層次設有聯邦教育、科學與文化部（Federal Ministry of Education, Science and Culture，簡稱BMBWK），此部所職掌的文化業務主要在文化資產的維護、藝術學校及藝術教育、國立圖書館、視聽圖書館（phonothek）、民俗文化表演等。奧地利將文化業務分割為二，特別是文化產業與藝術創作的獎助，併同傳播媒體的業務，交由總理府類似政務委員專責推動，似乎為因應全球化帶來文化產業競爭特別看重影視產業的發展大勢所做的調整。

荷蘭在一九四五年開始有主管藝術與文化事務的中央行政部門存在，起先係設於福利、衛生與文化部內，一九九四年中央政府組織有一相當的變革，文化事務併同媒體事務改歸教育部，合稱教育、文化與科學部（The Ministry of Education, Culture and Science），除了部長外，另置一政務次長（State Secretary）主管文化與媒體事務。這一部分職掌分屬四司掌理，即文化政策司（主管文化發展規劃，特別是文化發展四年計畫）、藝術司（表演藝術、視覺藝術、建築、電影、藝術教育）、媒體、語言與文學司（語言政策、媒體事務以及圖書館事業）、文化資產司（文化資產的維護、考古挖掘與國家檔案，博物館行政亦包括在內）。在業務視導方面，設有文化資產視導處（Inspectorate of heritage）。

如同前述，瑞典單獨設置的文化部只存在十年（1994-2004），目前仍與教育部合併稱為教育、研究與文化部；但是主管文化與媒體事務的機構或單位仍一直維持。例如自一九七四年就一直存在的國家文化委員會（The National Council for Cultural Affaires）大權在握，掌理所有國立文化事業機構，包括博物館、劇院、皇家歌劇院、國家音樂廳等。教育、研究與文化部下的瑞典電影學院（Swedish Film Institute），掌理電影事業的獎助與規劃發展。國家文化資產委員會（National Heritage Board）主管文化資產的保護，另有國家檔案館（National Archives）、藝術獎助委員會（Arts Grants Committee）、國家手工藝委員會（National Handi-craft Council）、廣播委員會（Broadcasting Commission），各有所司，代替一般部會分處設司的組織型態。在國際文化交流方面，教育、研究與文化部和外交部合作，支持瑞典學院（Swedish In-stitute）專責策劃推動國際文化學術活動。此外，瑞典在文化藝術方面尚有地位崇高的學術機構，由具有榮銜的院士組成，包括瑞典皇家藝術院（The Royal Swedish Academy of Fine Arts）、瑞典皇家音樂院（The Royal Swedish Academy of Music）、瑞典研究

院（The Swedish Academy）。這些機構的行政系統亦歸隸教育、研究與文化部之內。

第三節 ▶▷ 海峽兩岸的中央文化行政組織

一、從文建會到文化部的架構改造

國內雖然於一九八一年十一月設立行政院文化建設委員會，但是文化行政業務仍然分散於相關部會，事權並未統一。例如古蹟維護管理、民俗及有關文物保存，係內政部主管；公共圖書館、博物館、國家戲劇院、國家音樂廳、藝術館等機構的管理輔導，為教育部之法定執掌，國際文化交流業務亦係教育部派駐各外館的文化組負主要責任；至於文化產業中最重要的電影、出版、錄影碟帶管理業務、電視台的監督輔導，均屬新聞局職掌。而此一部分職掌曾有一段期間，原係教育部文化局業務，該局裁撤後，才劃歸新聞局接辦。

依照《行政院文化建設委員會組織條例》第二條所列：文建會主要職掌為：

1. 文化建設基本方針及重要措施之研擬事項；
2. 文化建設統籌規劃及推動事項；
3. 文化建設方案與有關施政計畫之審議及其執行之協調、聯繫、考評事項；

4. 文化建設人才培育、獎掖之策劃及推動事項；

5. 文化交流、合作之策劃、審議、推動及考評事項；

6. 文化資產保存、文化傳播與發揚之策劃、審議、推動及考評事項；

7. 重要文化活動與對敵文化作戰之策劃及推動事項；

8. 文化建設資料之蒐集、整理及研究事項；

9. 其他有關文化建設及行政院交辦事項。

　　由於文化行政業務分散於相關部會，而文建會基本上採取合議制決策模式，主要功能在統籌規劃、協調推動、審議考評文化建設之方案，所以係委員會的體制。文建會置委員十五人至十九人，有一部分係學者專家，另一部分則為相關部會的首長，包括行政院秘書長，內政部、教育部、外交部、國科會、故宮博物院的機關首長，均為當然委員。經常業務的運作上文建會置主任委員一人，副主任委員二人。業務單位分設三處：第一處主管文化資產維護業務的規劃推動；第二處偏重文藝工作及文化基金會的輔導；第三處的職掌在表演藝術、國際文化合作及藝術季節活動的策劃。文建會早期並無附屬機構，自從台灣省政府精省作業實施，原省立文化機構改制為國立後，包括國立台灣博物館、國立台灣美術館、國立台中圖書館、國立台灣交響樂團等單位，皆歸屬文建會監督。而原台灣省政府文化處也改設為文建會中部辦公室。文建會亦於一九九四年修訂其組織條例，派員至紐約與巴黎服務於所設台北新聞文化中心。

　　二○一二年行政院文化建設委員會順利改制為文化部，其業

務範圍也相隨有大幅度擴充。根據文化部組織條例，文化部置部長（特任）一人，政務次長二人常務次長一人外，下設秘書處、人事處、政風處、主計處、資訊處等五個輔助單位。日常業務方面者設二局七司，分別各置局長、副局長或司長、副司長各一人。茲將這些局及司條列如下：

- 文化資產局
- 影視及流行音樂產業局
- 綜合規劃司
- 文化資源司
- 文創發展司
- 影視及流行音樂發展司（專辦政策及法規業務）
- 人文及出版司
- 藝術發展司
- 文化交流司

　　文化部目前有附屬機構包括：國立歷史博物館、國立台灣博物館、國立台灣史前文化博物館、國立台灣歷史博物館、國立台灣美術館、新竹、彰化、台南、台東等四所國立生活美學館、國立傳統藝術中心、國立國父紀念館、國立中正紀念堂、國立台灣文學館、國立台灣交響樂團、國立台灣工藝研究發展中心等。文化部並監督財團法人國家文化藝術基金會、財團法人國家電影中心及行政法人國家表演藝術中心。文化部同時在紐約、巴黎、東京及香港四地設有文化中心。

二、中國大陸的文化部簡介

在中國大陸國務院下的文化部素被視為「大部」，另設有國家文物局，部長之下，有四位副部長，其中兼黨組書記為首席副部長，尚有一位副部長兼故宮博物院院長，據報稱，文化部可能與新聞出版總署、國務院廣電總局進一步整合。

文化部內部除了部長辦公室、人事司、財務司、政策法規司等一般行政單位外，業務單位包括藝術司、文化科技司、文化產業司、公共文化司、文化市場司、非物質文化遺產司、對外文化聯絡局（內部包括港澳台辦公室）。前任部長蔡武任期頗長（2018-2014），現任部長為雒樹剛。

對外文化聯絡局規模相當龐大，包括秘書處、政策法規處、禮賓處、美大處、西歐處、亞洲處、歐亞處、亞非處、非洲處、國際處、港澳處、台灣處、對外文化傳播處、對外文化貿易處、文化中心處、護照簽證處，部分業務似乎與外交單位有密切關係。

文化部直接監督的文化藝術機構二十所，除了故宮博物院、中國國家博物館、中國國家圖書館、中國藝術研究院（中國非物質文化遺產保護中心）、中國京劇院、中國國家話劇院、中國美術館等外，尚有中央芭蕾舞團、中國交響樂團等單位。

第三章

維護文化資產的政策

　　文化資產（cultural heritage，或稱「文化遺產」，日本稱為「文化財」）是一個民族在長期生存發展中逐漸累積的文明精華，是歷史傳統的具體記憶，同時是一般國民對民族文化的認同體。重視文化資產的保存，代表一種珍惜文化傳統的情感與態度。從當代經濟學的觀點看，文化資產被肯定為一種具有生產效益的資本，有些學者稱其為「文化資本」（cultural capital）。因為保護文化資產，具有豐富地方資源、突顯人文特色，以及提高觀光價值的效益。法國、義大利、西班牙、日本以及中國大陸，皆以文化資產吸引世界各地的觀光客，確是名副其實、祖先遺留下來可以生財致富的資產。

　　維護文化資產幾乎是各國文化政策中最基本、也是出現最早

的部分。從政策發展的歷史層面分析，文化資產的意涵也隨著時間在充實、擴延與繁衍，由具體的文物漸進而包括較抽象的「無形文化財」、「民俗文化財」、「人間國寶」（日本文化財保護法規的用詞）。下面以法國與日本為例，說明文化資產維護政策的內涵及有關觀念的擴充。

第一節 ▶▷ 法國的文化資產保護政策

一、文化資產保護政策的歷史發展

　　一七八九年的法國大革命固然是近代民主政治與人權運動輝煌的一頁，但是當時暴民對貴族的報復行動與劫掠財物，卻是肆無忌憚，造成藝術文物的歷史性災難。所以在一七九〇年代初期，共和政府在有識之士疾呼下，非常重視歷史文物的搶救與維護。羅浮宮博物院的前身——共和博物院就是在一七九三年成立的。一七九五年又設置國家圖書館，其動機也是針對文物保護。到了十九世紀，法國內政部為了文化資產的保護，開始著手行政建制。最先是一八三〇年設置法國史蹟視察單位（l'Inspection Générale des Monuments Historique en France），並有督察的編制。一八三七年進一步成立古蹟委員會。一八八一年法國且一度有藝術部的行政機關，由普魯斯特（Antoine Proust）擔任部長。一九一三年法國出現可能是世界最早的文化資產保護法（Loi sur les monuments historiques）。之前在一九○六年時，法國議院曾討論如何進行全國自然景觀與名勝的清查與分類，而在一九三○年終於立法保護具有藝術價值的自然名勝與景觀地點（Loi sur la protection des sites et des monuments naturels de caractère artistique）。一九三六年法國又立法規範各行政部門對檔案的保存方式，一九四一年立法規範考古挖掘。

　　法國係於一九五九年正式成立文化部，首任部長馬爾侯（André Malraux）在任十年（1959-1969），他於最先四、五年的施政重點也放在文物保護上。文化部成立之初的組織相當精簡，但包括兩個司與文化資產保護有關：其一為法國檔案司，另一為建築司。法國文化部的建築司在歷史建築的修護上發揮很重要的功能。一九六二年，法國立法著手修復重要歷史建築與具有藝術價值的重要建築，並以四年時間（至一九六六年）完成這項文化建設的工程。這種劍及履及的魄力是今日法國能保存這麼多文化資產的關鍵。

　　一九七八年十月，文化傳播部的建築司撥歸建設部，而另設文化資產司主管文化資產的修護業務。該司下設三科：其一為歷史古蹟科，另一為考古事務科，第三科為文物清查科，負責與各地文化行政單位聯繫，透過攝影、錄影與民族誌研究，分析、整理與進行全國重要文化資產的學術研究。一九九六年三月，因為法國政府全面推動千禧年有關的重大文化建築業務，建築司又再度併歸文化部。同年七月，文化部又協助成立財團法人的文化資產基金會，此一基金主要在支援民間與地方機構進行較小型、未列管歷史性建築的修護工作。一九九八年，文化部的建築司與文

化資產司合併為建築與文化資產司，以整合相關業務。

　　在文化資產的人才培育方面，法國早於一八二一年就成立聞名歐陸的國立文獻管理學院（l'École Nationale des Chartes），為培養圖書科學及檔案管理專業人才的高等專門學校（grande école）。一九九○年基於文化資產修護人才的全面需求，又設立國立文化資產學院（l'École Nationale du Patrimoine），開設十八個月專業課程，培養符合專業資格的文化資產管理人員（les conservateurs du patrimoine）。該校課程分為六組：(1)考古學組；(2)檔案管理組；(3)善本圖書管理組；(4)一般清查組；(5)歷史建築組；和(6)博物館組。每年招收六、七十名學員，均經公開競爭的入學甄選取得正式學生資格，惟亦招收部分經推薦入學的外國專業人士前來該校在職進修。

二、法國保護文化資產的情形

　　法國的文化部員額編制，文化資產部門約占五分之一，人數大約有二千二百人，其預算以二○○九年為例，高達九億九千五百萬歐元，約占文化傳播部預算 28%，可見文化資產業務在文化部內的份量。雖然法國的文化行政偏向中央集權制，但是在文化資產維護方面，各區（régions）與府（département）均配置有文化資產專業人員主持其事。特別是一些地方性歷史建築、私有古蹟及地方名人早期居所紀念館，其監督業務係劃歸地方負責。多數區與府的行政部門多設有古蹟維護科、古物與歷史文物科及清查登錄科，並配置有受過專業訓練的視察（inspecteurs specialisés），有些較大城市且配置有博物館視察或顧問及公共圖書館的視察人員。

　　法國列入保護的文化資產建物，大致包括五類：

1. 宗教文物與建築：以教堂為主，法國各城市與稍大鄉鎮皆有教堂，有不少是數百年的古蹟，法國所有列管的文化資產，約十分之四係教堂。

2. 古堡：法國自中世紀以來，地勢險峻的交通樞紐及河流沿岸有不少古堡遺址，保存較佳尚可開放者為數可觀，約占15%的法定文化資產，像羅瓦河（Loire）沿岸的古堡名勝，是文化觀光很熱門的地區。

3. 名人住宅與紀念館：約有四分之一的文化資產屬於此類。

4. 公共建築：像巴黎的艾菲爾鐵塔、亞歷山大三世橋等建築名勝，均屬此類。

5. 考古遺址：以其學術價值來界定；近年來由於興建地下停車場、高速公路以及高速鐵路，發現許多具有保護價值的考古遺址，都列入清查保護的範圍。

　　法國有接近四萬件指定的受保護歷史建物（les monuments historiques protégés），其中有稱為分類列管的建物（les monuments classés），限制其周圍五百公尺區域內隨意變更、破壞或修建，除非事前報經主管文化資產機關的審查核可。此等建築的修護同樣受到政府管制，但文化部補助部分修護費用。除了這些分類列管的歷史建築，另一為登錄有案的建物（les monuments inscrits à l'inventaire supplémentaire）。以一九九三年為例，分類列管的歷

史建物有一萬三千三百六十五件、登錄有案的為二萬四千四百四十四件，為數確實可觀，也足證法國政府在文化資產維護業務上的沉重負擔。法國尚有相當數目的歷史建物係屬於部分保護類，因為這些建物早期曾經受到破壞或自然損毀而經過修復，所以只有建物的部分有其歷史價值或藝術價值，此類建物全法國約有十三萬件。

根據一九四一年《考古挖掘法》的規定，任何為學術研究而進行的考古挖掘，均須於進行開挖前向主管機關申報獲准，始得開工。凡在建築工程進行中發現疑似具考古學術價值的遺址，亦須申報。任何遺址挖掘結果，均須報備。單是一九九四年就有二百八十五個申報的考古挖掘案件，大部分係建築工程進行中的發現。由此可見，法國境內受保護的建物數目不斷在增加。在檔案保護方面，法國一九七九年檔案保存法規將受保護的檔案分為三類：國家檔案、地方檔案及社區檔案。而檔案分級亦區別「暫列檔案」及「永久檔案」兩類。

法國在文化資產的保護方面，不但淵源久遠、開始最早，而且在做法上頗多創意，對其他國家的文化政策發生相當的啟發作用。試舉三個法國影響的實例：第一個成功的例證是「文化遺產日」。為了建立全民體認文化資產的重要價值及其在生活上的意義，一九八五年在當時文化部長傑克‧朗的倡導下，法國首先於九月的一個週末開放全國約三萬五千座列管的文化建物供民眾免費參觀，並配合導覽及文化資產維護的宣導活動。這一創舉獲得民眾熱烈的迴響，收效甚佳，所以其後每年九月的第三個週末兩天訂為「文化遺產日」，規定所有列管歷史建築皆須向民眾開放。

這些建物包括總統府艾麗莎宮、參議院盧森堡宮、巴黎市政府大廳、巴黎大學古老的Sorbonne校區傳統建築……，到處可看到參觀民眾大排長龍，至於凱旋門、羅浮宮博物館亦一樣免費開放。此種轟動的開放歷史建築盛況吸引了歐陸其他國家的注意，因而接踵效法，迄二○○九年歐洲已有四十九個國家推動這種「文化遺產日」的活動；而自一九九一年起在歐洲理事會的策劃下，也有「歐洲文化遺產日」（European Heritage Days）的共同行動，倡導「歐洲文化遺產由大眾來分享」的觀念（例如二○○八年的歐洲文化遺產日，全歐洲有一萬五千處古蹟與歷史建築開放供民眾免費參觀）。鼓勵歐洲各國公民利用此一機會到其他地區參觀歷史建築，瞭解歐洲文化的共同資產。

第二個事例是國際化的文化保護運動。《保護世界文化和自然資產公約》係於一九七二年十月在巴黎召開的聯合國教科文組織第十七屆大會中通過，法國算是推動其事的功臣。該公約將文化資產分為文物、建築群與遺址，並列有自然景觀的資產，凡是明顯受到破壞或損毀可能的景觀環境或歷史建築，皆列為國際共同維護並且盡可能協助修復的對象。像中國的長城、莫高窟、兵馬俑、周口店、北京猿人遺址之類文化遺產，皆經公開指定，列為世界級的文化資產。

第三個事實是透過國家元首的策劃推動。法國自龐畢度（George Pompidou）總統以來，營造了不少國家級的重大建築，這些新創作包括龐畢度文化中心、奧塞美術館（由舊火車站修建）、大羅浮宮計畫（包括貝聿銘設計的玻璃金字塔）、大拱門（或稱新凱旋門）、巴斯蒂勒歌劇院、維列特科學城、國家圖書

館新廈等等，不勝枚舉，相信在數十年後，仍然是觀光據點。法國政府在文化建設的投資魄力，深刻地影響到不少國家的政治領袖，體認出歷史建築的可長可久性，而其奠基於有眼光與文化願景的領導人物。只有承先啟後，在維護遺產之餘持續開創新猷，才能使國家的文化資產累積而充實，讓後代子孫在生活環境中享受其甜美果實。

第二節 ▶▷ 日本保護文化資產的努力

　　日本將文化資產稱為國寶，並早在明治二十一年（1888年）設置一個臨時性的全國寶物調查局，耗時十年對全國神社寺院所保藏的繪畫、雕刻工藝品、書法、古文書進行清查，計有二十一萬五千件寶物，其中極品並發給鑑定書而予以登記（行政院文化建設委員會編譯，1991a：431）。日本於一九二九年已制定《國寶保存法》，而全面性維護文化資產的《文化財保護法》，則於戰後的一九五〇年公布實施。

一、文化資產的分類

　　日本政府對文化資產的保護措施，開始時特別注意到國寶的維護與指定，防止其流出國外。由於民族意識的強調，日本對古神社寺院的保存特別重視，早於明治三十年（1897年）就頒有《古神社寺廟保存法》，將文化財事務交由內務省管轄。後來因

為宗教行政轉移文部省（教育部）管理，文化財保護業務也跟著移到教育行政系統。早期的文化資產保護，除了寺院神社及其所珍藏藝術品，尚包括天然紀念物。日本於大正八年（1919年）頒訂實施《史蹟名勝天然紀念物保存法》；一九四九年，日本古蹟法隆寺金堂發生火災，引起參議院對文化財保存的全盤檢討，所以《文化財保護法》亦於翌年順利立法。此一法規除了設置文化財保護委員會外，另修訂國家的指定制度，並創設無形文化財的新類別，另對所謂「埋藏文化財」的保護有所規範。前述文化財委員會直至一九六八年文部省文化廳成立時才併入。

依據《文化財保護法》，文化財分為有形文化財、無形文化財、民俗文化財、紀念物、傳統建築物群等，後又增加埋藏文化財一類。有些採取登錄制，有的採指定制度。又依其稀有性及藝術價值，分為「重要文化財」及「特別重要文化財」（部分指定為「國寶」）兩個等級。下面分別略予說明：

1. 有形文化財：除了歷史建築外，尚包括繪畫、雕刻、工藝品、書法、珍本典籍、古文書、考古資料及學術價值特別高的歷史資料。二〇〇九年經指定的國寶有 1,076 件，重要文化財有 12,655 件（表一）。

2. 無形文化財：指表演藝術，特別是日本傳統戲劇與音樂、工藝技術，具有重要藝術與文化傳承價值，特別需要保存才不致消失者，包括陶藝、漆藝、染織、歌舞伎、能樂等等。日本二〇一三年經指定的重要無形文化財在藝能方面個人有五十六人，表演團體十二團，工藝技術方面個人有五十七位，團體有四個。

表一　國寶・重要文化財

種類／區分		國寶	重要文化財
美術工藝品	繪畫	157	1,956
	雕刻	126	2,628
	工藝品	252	2,415
	書跡・典籍	223	1,865
	古文書	59	726
	考古資料	43	567
	歷史資料	2	154
	計	862	10,311
建造物		（262 棟）214	（4,272 棟）2,344
合　計		1,076	12,655

3.民俗文化財：指食、衣、住、產業、信仰、禮俗等有關的藝能及所使用之服飾、器皿、建造物等，為瞭解日本歷代生活變遷不可或缺之物。二〇一三年，日本政府指定的重要有形民俗文化財有213件，重要無形民俗文化財281種。

4.紀念物：指歷史研究或考古學術上有特別價值的貝塚遺跡、古墳、古城遺留，有藝術上特別重要的庭園、橋樑，及在學術上有重大價值的動物（及其生息地）、植物（含原生地）及地質礦物。有些自然勝景、早期文化景觀，如城廓、溝渠亦屬紀念物。二〇〇九年，國寶級者161件，指定重

要文化財級者 2,866 件。

5. 傳統建築物群：具有歷史風貌、自成一格、反映時代特色的建築聚落。

6. 埋藏文化財：主要為考古學上的出土文物或位址，雖未挖掘但確知有歷史研究價值，包括水底下沉船等。

二、日本文化資產保護的特色

日本在文化資產保護方面開始相當早，而且法規的訂定較為完整，一向受到國際的重視，下面列舉日本文化財保存的若干特色，特別是對我國文化施政上的影響，俾供參照。

(一) 無形文化財的納入

在歐美國家，雖然文化遺產的保護很早就存在，但直到二十世紀中期一直沒有無形文化財的概念，其保護政策的焦點在歷史建築、古蹟遺址、地下文物及自然景觀諸方面。日本於一九五〇年頒訂的《文化財保護法》，不僅列有「民俗文化財」，且納入「無形文化財」一類，後來引起不少國家的迴響，且對「聯合國教科文組織」（United Nations Educational, Scientific and Cultural Organization，簡稱UNESCO）的政策發生影響。在其一九七二年公布的《保護文化及自然遺產公約》中，將文化遺產分為有形文化遺產及無形文化遺產兩類。教科文組織開始時原使用「非物質文化遺產」（nonphysical cultural heritage），後來也漸改用「無形文化遺產」（intangible cultural heritage）的字眼，與日本用詞的

意涵頗為一致。

　　保護無形文化資產經這些年來的努力，漸成為世界多數國家的共識。一九九七年聯合國教科文組織通過了《人類口頭及無形文化遺產代表作宣言》（Proclamation of Masterpieces of the Oral and Intangible Heritage of Humanity），二○○二年九月在土耳其伊斯坦堡舉行「無形文化遺產──文化多樣性的體現」為主題的各國文化部長會議，並通過《伊斯坦堡宣言》。翌年（2003）十月頒布《保護無形文化遺產公約》（Convention for the Safeguarding of the Intangible Cultural Heritage），並具體進行指定工作，例如崑曲與中國古琴藝術均列入保護名錄。博物館界對無形文化遺產的概念也有熱烈的支持。例如二○○二年在上海舉行的國際博物館協會亞太地區會議及二○○四年在漢城（今首爾）召開的國際博物館大會，分別以「博物館、無形文化遺產與全球化」及「博物館與無形文化遺產」為會議主題，可見日本在五十多年前提出這一概念的深遠影響。

　　日本的重要無形文化財主要有藝能與工藝技能兩類：前者包括雅樂、能樂、文樂、歌舞伎、音樂、舞踊、演藝等等；後者包括陶藝、染織、漆藝、金工、木竹工、紙藝等等。另一方面，日本的民俗文化財亦分為有形與無形兩類，無形民俗文化財包括重要的風俗習慣與民俗藝能。事實上，有些學者認為民俗文化財也可以併入無形文化遺產一類。

(二)「人間國寶」的重視

　　近年來國內重視的「民族藝師」制度亦是起源於日本的「人

間國寶」觀念。人間國寶係國家認定在世的藝術家、民間技藝師父、身懷絕技的藝人，他們稀有的技能及藝術造詣通常與無形文化財或民俗文化財有關，為傳承這些傳統藝能的世間見證人物。一九五五年首批認定重要無形文化財時，曾使用「無型態國寶」、「活文物」的用詞，第二批認定時就改用目前約定俗成的「人間國寶」一詞。後來日本政府每年公布認定的「人間國寶」，例如二〇〇二年有十二位藝師獲此殊榮，目前在世的人間國寶超過百人，其中多數為藝能表演方面，如日本的能樂、文樂、歌舞伎、說書等等，這些人間國寶或在一些鄉鎮建立的傳統工藝作坊示範，平時文化廳相關單位也進行對其絕技的記錄、保存及公開。目前每位人間國寶每年可從國家得到二百萬日幣補助金，用以安定生活，並傳承技藝，所以人間國寶的獎勵制度確是日本文化財保存的創舉與特色。

(三) 文化財修護科學的發展

一般書畫的裱褙、補彩、更換底紙、補修本紙、鑲接綾布、折伏（以防裂補強）等等，需有高度技藝，國內此一方面人才漸見凋零，而日本則在修護科學的人才培育方面，一直非常重視。除了書畫、染織品、陶瓷、傳統建築的屋瓦、裝飾雕刻，因歲月久遠導致的剝落或解體，其專業處理通常非一般藝匠所能勝事。日本在此方面修護人才的培養，除了高等學府內設有相關科系外，最主要尚有文化財研究所（如東京及京都的國立文化財研究所）以及若干博物館所設的修復工房。文化財研究所有高科技儀器設備，對於文物鑑定足能勝任。至於博物館或民間修復工房，則在

日常修護業務外，亦接受學生見習，或透過師徒制個別指導，俾文物維護知能的傳習不致中斷。

文化資產修護科學的內涵包括：文物或歷史建築衰敗的防治（prevention of deterioration）、復原（restoration）、補強（consolidation）、複製（reproduction）、重建（reconstruction）、移位（relocation），可說涉及多目標與多功能的技藝、知識與工程科技，例如最近北京故宮紫禁城的修護工程，就需要許多不同修護科學背景的人才。日本政府在文化資產專業人才的培養一向相當重視，可與法、英、義、捷克等歐洲國家媲美。

(四) 維護文化資產與傳統工藝產業的結合

日本將維護無形文化遺產的工作植根於地方工藝產業，透過經濟與觀光產業使傳統生活文化重獲生命活力。一九七四年日本國會通過《傳統工藝產業振興法》，並依該傳產法的規定，翌年成立財團法人傳統工業品產業振興協會，每年編列預算，支援各地區傳統工藝產業的發展。該會主要業務包括四方面：(1)推廣傳統工藝品並開拓消費上的需求；(2)設立全國傳統工藝品中心，建立產地與消費者對話的平台；(3)透過認證、獎勵，確保傳統工藝人才的培育；(4)進行傳統工藝的影像化。傳藝協會每年舉辦「傳統工藝士」資格認定考試，並有工藝專家登錄制度，全面建立工藝人才資料庫。此外，如舉辦「日本傳統工藝士大展」，並自一九八一年起成立「日本傳統工藝士會」，要求合格的傳統工藝士加入當地的「傳統工藝士會」。

經通產省（即經濟部）指定的傳統工藝品已接近二百項目之

多，工藝品被指定的條件主要有五：(1)提供日常生活使用者；(2)製造過程的主要部分係手工完成者；(3)以傳統技法製造而成（「傳統」一詞係指有百年以上歷史）；(4)以傳統沿用的原材料為主製造者；(5)在一定地區有相當人數（指三十人以上）從事該項產品製造者。日本在三十年前立法推廣傳統工藝產業，每年且編列十億日圓以上的預算支持這項創意產業的業務，不僅著眼於地方產業的開拓，亦與保存傳統生活技藝有間接的關係。

(五) 指定制與登錄制並行

日本早於一八八八年就開始進行重要「寶物」（以雕刻、繪畫為主）的調查，並於一八九七年公布的《古神社寺院保存法》中建立了類似今日的指定制度，對指定的歷史文物、建築有管理的規定、公開的要求，政府並得予補助。後來《文化財保護法》實施以後，對所指定的文化財有更嚴格的規範，例如規定國寶持有人有義務將國寶送至博物館陳列，國寶的輸出應經文部省（教育部）的核定。同時，指定的對象也擴大到地方公共團體及私人擁有的文化財。後來又進一步將指定範圍包括無形文化財。

然而，鑑於指定制度的保護對象集中於特別重要的文物，且規約非常嚴格，借助強制的手段固能達到較永久保存的目的，然而在文化發展過程中，總是不斷出現許多有價值的新文化資產，特別是有保護價值的近代建築物；所以日本在一九九六年《文化財保護法》修訂時，又增列「文化財登錄制度」，以補指定制度的不足。其方式採申報制，以指導、建議和勸告等較緩和方式進行較溫和的保護措施。

登錄制度依據《登錄有形文化財基準》來執行,凡建築物、土木構造物在完工五十年以上者,而符合下列三條件皆須登錄:(1)具有國土歷史意義的景觀;(2)具有規範性的造形;(3)不易再出現者。經登錄的建物如有變更現狀,或更動管理機構及持有人,或建築有損傷時均應向文化廳申報。至於補償方面,被登錄的建築物:(1)地價稅可減免二分之一;(2)固定資產稅可減輕二分之一以內;(3)得向日本開發銀行等金融機構申請低利融資。

日本政府多年來一直將文化財的保護當作文化政策的重點,單從文化廳年度預算的分配,明顯可見文化資產業務的份量。以二〇一三年為例,文部科技省文化廳專就國寶及重要文化財保護與利用,其預算為 117 億日圓,約占文化廳預算之 11.3%,另在歷史建築的保存與利用項目的預算,多達 196 億 3 千 4 百萬日圓,約占文化廳總預算 19%,由此可見其重要性之一斑。日本在維護文化資產工作上的努力,值得國人借鏡。

第三節 ▶▷ 國內維護文化資產的課題

一、關於《文化資產保存法》

國內全面推動文化資產的保護工作,是在一九八一年行政院文化建設委員會成立後才開始,特別是一九八二年五月《文化資產保存法》(簡稱文資法)經立法院三讀通過後及《文化資產保

存法施行細則》訂定發布後才取得法源。不過第一部文資法雖然頒訂，由於文化資產業務分散於相關機關（包括古物由教育部主管，古蹟由內政部主管，自然景觀業務由農委會主管），所以常因權責未能明確釐清，處理資產保存的事務須多方協調，曠日費時，頗為學界與輿論所責難。施行以後又因文化資產觀念漸趨擴大，且法則規定頗乏彈性，公權強制力增大，卻缺乏相關獎勵措施，所以修法的呼聲一直存在；直至二〇〇五年元月經大幅度修正前，先後亦有四次小幅度修正，其中以一九九七年的修正範圍較大。幸好最近新文資法的頒布，確是氣象一新，在事權整合上亦有明顯的改變。根據二〇一一年新修訂公布的《文化資產保存法》規定，台灣地區的文化資產保護係採指定與登錄並行制，該法第三條所列文化資產包括七項：

1. 古蹟、歷史建築、聚落；
2. 遺址；
3. 文化景觀（指神話、傳說、事蹟、歷史事件、社群生活或儀式行為所定之空間及相關聯之環境）；
4. 傳統藝術；
5. 民俗及有關文物；
6. 古物；
7. 自然地景（指具有保育自然價值之自然區域、地形、植物及礦物）。

古蹟、歷史建築、聚落、遺址、文化景觀、傳統藝術、民俗及有關文物、古物之主管機關：早期在中央為行政院文化建設委

員會（文化部成立後，改列為文化部）；在直轄市為直轄市政府；在縣（市）為縣（市）政府。至於自然地景的主管機關在中央為行政院農業委員會，其餘與其他文化資產項目同。

　　新法為加強主管機關的責任，要求主管機關（指文化部及地方政府）應普查或接受個人、團體提報具古蹟、歷史建築、聚落價值建造物之內容及範圍，並依法定程序審查後，列冊追蹤。此外並應建立古蹟、歷史建築及聚落之調查、研究、保存、維護及再利用之完整個案資料。私有古蹟、歷史建築及聚落之管理維護、修復及再利用所需經費，主管機關得酌予補助。至於遺址之發掘，應由學者專家、學術或專業機構向主管機關提出申請，經審議委員會審議，並由主管機關核定後始得為之。文化景觀則由直轄市、縣（市）主管機關審查登錄後辦理公告，並報中央主管機關備查。

　　古物依文資法的規定，分為國寶、重要古物及一般古物三級。為防止國寶及重要古物之滅失、減損或走運國外，國立古物保管機構應就所保存管理之古物暫行分級，並就其中具國寶、重要古物價值者列冊，報中央主管機關審查。至於私有及地方政府或其所屬機構保管之古物，則由直轄市、縣（市）主管機關審查登錄後，辦理公告，並報中央主管機關備查。中央主管機關應就所冊列或登錄古物，擇其價值較高者，經審查確定後指定為國寶。文化部並得要求各公有機構（如博物館）或私人持有之國寶及重要古物，定期公開展覽。

　　傳統藝術、民俗及有關文物亦兼採主管機關審查及接受個人、團體提報之方式，文化部同樣有責任就所登錄之傳統藝術、民俗及有關文物中擇其重要者，審查指定為「重要傳統藝術」、「重

要民俗及有關文物」，並辦理公告。文資法又增列中央主管機關
對於文化資產保存及修復工作中不可或缺，且須加以保護之技術
及其保存者，應審查指定，並辦理公告。最後這一部分已隱含「人
間國寶」的精神。

　　由農委會主管的自然地景，文資法將其區分為自然保留區及
自然紀念物。所謂自然紀念物係指珍貴稀有的動植物及礦物。所
以，自然生態保育的任務也成為文化資產保護之一部分。該法規
定主管機關應建立自然地景之調查、研究、保存、維護之完整個
案資料，自然地景之管理維護應擬定管理維護計畫，報主管機關
備查。為維護自然保留區之原有自然狀態，非經主管機關許可，
不得任意進入其區域範圍；而且，自然紀念物禁止採摘、砍伐、
挖掘或以其他方式破壞，並應維護其生態環境。但原住民族為傳
統祭典需要及研究機構為研究、陳列或國際交換等特殊需要，報
經主管機關核准者，不在此限。

　　文資法對於捐獻私有古蹟、遺址及私有國寶、重要文物予政
府，或是將私有古物申請登錄，並經中央主管機關依法定程序審
查指定為國寶或重要古物者，列有獎勵或補助的規定。同法又確
定私有古蹟、遺址及其所定著的土地，免徵房屋稅及地價稅；這
類土地因繼承而移轉者，免徵遺產稅。此外，凡是出資贊助辦理
古蹟、歷史建築、古蹟保存區內建築物、遺址、聚落、文化景觀
之修復、再利用或管理維護者，亦得依法享有所得稅列舉扣除的
優惠。同樣的情形，該法第十章訂有罰則，對各類違法情況，分
別處以五年以下有期徒刑、拘役或罰鍰。由此可見，文資法較諸
數十年前的舊法，整備很多，今後如能貫徹執行，定能有效維護

國內文化資產，符應社會的期待。

二、開拓文化資產保護的新猷

今後國內文化資產的維護業務，可謂百廢待舉，主管機關受到新文資法的規範，必須推動的配合措施為數不少。雖然二十多年來各相關機構及學術界的努力已奠定相當的基礎，但因主管機關調整，文化資產涵義擴充，又增加了若干強制性的條文。值茲行政院組織架構已經改造，文化部正式成立，在權責整合後，更待劍及履及，將過去未竟事功的政策性措施，徹底推動。下列數點，可供採擇參考。

(一) 重要古物及國寶的指定

國內的歷史古蹟，為了配合修護及再利用，早在一九八一年就依據《文化資產保存法》的規定，分別加以指定並予分級。二〇〇六年五月，台閩地區指定第一級古蹟共有二十四處、第二級古蹟五十處、第三級古蹟共有二百四十二處，另有國定古蹟十九處，如原台灣總督府博物館（台北市襄陽路二號）、台北賓館、原台南州廳（台南市中西區中正路一號）等等。在第一級古蹟中，國人較熟悉的如圓山遺址、鹿港龍山寺、八通關古道、淡水紅毛城、澎湖西嶼砲台、台南孔子廟、台南赤崁樓、台東卑南遺址等等。

但是在古物及國寶的指定方面，雖然《文化資產保存法》第六十六條亦有明文規定，教育部早於一九九七年元月亦曾公布《古

物分級指定實施要點》，可惜迄今績效不彰，所以二〇〇二年監察院曾通過對教育部、文建會及古物保管機構的糾正案，認為「未能確實掌握古物之現況，顯有未當」，「且未能善盡督導古物保管機構之古物保存、典藏及維護業務。」

雖然早期的文建會於二〇〇六年二月曾頒布《古物審議委員會設置要點》，置委員十五至二十一人，由機關代表及專家學者聘任之，並要求以每四個月開一次會議為原則，委員會的任務有五：(1)國寶、重要古物指定、變更、廢止之審議；(2)古物出國及進口許可申請之審議及古物保存修護技術的研議；(3)古物相關獎勵及處罰之審議；(4)古物相關法令之檢討建議；(5)其他有關古物重大事項之審議。惟執行上稍嫌鬆懈。

由於古物範圍廣闊，包括玉器、陶瓷器、青銅器、文玩雜項、漆器、家具、書畫、雕塑、書本古籍、碑刻、織繡，所以需要有一套《古物分級指定參照基準》。尤其是今後文化主管機關允宜加速古物鑑定人才的培育，充實文化資產研究機構的人力與設備，並配合故宮博物院、國立歷史博物館、國立自然科學博物館等的專家學者，才能做好此一艱鉅的法定任務。

(二) 歷史建築及古蹟的再利用

《文化資產保存法》強調古蹟、歷史建築及聚落在修復、管理維護外，再利用的政策精神。事實上，適度的再利用對平日維護亦有正面的效能。古蹟及歷史建築的再利用，不必委由政府單位為之，法上且有「主管機關得酌予補助」的規定。在當前文化觀光日顯重要的時機，文化部宜強化文化資產審議組織的功能，

匯集有關專家學者對地方政府或民間提出的再利用計畫，進行審查；特別對如何修復及增加必要設施部分，從維護觀念加以研議。過去國內不少古蹟的修復，過度整修，致使古蹟減損其真實性及歷史性。今後古蹟之修復利用如何吸收國外原貌保存的科技，使建物達到較準確的復原，為一重要課題；部分無法復原者亦可適度複製重建，以維護較完整的早期風貌，這些任務實待整合專家學者的智慧，必要時借助國外文資研究機構的經驗，合力為之。此外，如頒定文化資產維護與公開展示的管理費用補助辦法（如同日本文化廳公布的《指定文化財管理費國庫補助要項》）也是非常必要的配合。

(三) 原住民文化產業的重視

近年來無形文化遺產與創意產業結合，成為發展地區觀光與社區經濟的一種方式。在修訂前的文資法將傳統藝術稱為「民族藝術」，並在該法施行細則中指出：「足以表現民族及地方特色之傳統技術或藝能，包括編織、刺繡、窯藝、琢玉、木作、髹漆、竹木牙雕、裱褙、版刻、造紙、摹搨、作筆製墨、戲曲、古樂、歌謠、舞蹈、說唱、雜技等」。以國內情形，原住民族藝術的文化特色非常能突顯一般文化產業的要求，如編織、陶壺、木雕、服飾、竹編、藤編……。尤其是原住民的祭儀舞蹈，無論是豐年祭、狩獵祭或凱旋祭，多姿多彩，過去一直為觀光客所喜愛。然而，目前原住民社區在經濟發展上普遍較為落後，政府既積極促進傳統藝術產業的活化，自宜以開發與輔導原住民民族藝術及其民俗活動為優先目標。《文化資產保存法》要求「主管機關應擬

具傳統藝術及民俗之保存維護計畫，並應就其中瀕臨滅絕者詳細製作紀錄、傳習或採取為保存所作之適當措施」。而此一適當措施較根本之策略為納入文化產業的發展項目中。日本的「傳統工藝士」認定制度，以及組織地區「傳統工藝士會」，定期舉辦「全國傳統工藝士大展」，以及設置「地方傳統工藝產業支援中心」的做法，實值得參採。此外，對原住民經營傳統藝術產業之融資貸款及稅賦減免優惠，亦不失為關鍵性的配合措施。

(四) 充實文化資產數位資料庫

《文化資產保存法》中文化資產的類別與範圍每隨客觀需要而有所擴充，主管機關當然要依規定去登錄或指定的文物、景觀、建築及傳統技藝與藝能，確是浩繁無比的日常業務；更不論此法對古蹟、歷史建築及聚落、考古遺址、傳統藝術、民俗文物、自然地景等，都要求主管機關要逐一建立完整個案資料。還好目前數位科技相當發達，網路流通亦甚便利，所以當務之急在充實「數位資料庫」，委由學術機構及博物館分工合作，進行拍攝建檔，多媒體方式（以文字、影像、音樂及虛擬實景方式呈現）不僅提供有關行政單位查證追蹤，亦有利於一般民眾及學術界上網檢索。但是做好數位資料庫的日常任務是文化產業主管機關先要做好指定與登錄業務，否則精蕪混雜，反而會導致魚目混珠，如果有非法定文化資產攙雜其中，則會產生誤導情況。所以資料庫的維護與隨時更新，也是一項必要的業務負擔，不宜輕易視之。

總之，《文化資產保存法》的修訂與充實，帶來文化資產維護再出發的契機；惟涉及行政業務暨所需配置之人力與財務資源

相當龐大,如何做好後勤支援,確是政府組織改造同時要考慮的課題。

(五) 無形文化資產的保育與獎助

無形文化資產是活生生存在的文化精華,換句話說,不像有形文化資產可以存續一段較長久的時間;如果沒有政府機關或有心文化發展的機構、團體、人士細心去保育、扶助或壯大它們,很可能因為外在生長環境的改變(由於市場需求、人才凋零或育成動機的減弱)而逐漸式微或消失。例如地方戲曲中的崑曲、節慶習俗如端午節龍舟競賽、鹽水蜂炮等等,都可能因大環境改變而式微。至於人間國寶(民族藝師)的保護,尤其需要有一套技藝傳習計畫,使後繼有人。例如一九八九年教育部選出七位民族藝師:布袋戲李天祿、木雕黃龜理、木雕李松林、鑼鼓樂侯佑宗、南管戲李祥石、皮影戲張德成、古琴孫毓芹等,至今三十多年,目前多已作古辭世。因此,像國立中央大學崑曲研習與錄影保存方案,或由政府推動的薪傳計畫(如教育部社教司辦理民族藝師林再興交趾陶傳習計畫,錄取十五人進行研習),皆非常必要,有待文化部充實此一業務的預算,大力推動。

(六) 認識文化資產的教育宣導

文化資產教育的前提是認識文化資產的價值,從中產生一種對這些文化傳統的認同感。聯合國教科文組織也好,歐洲聯盟執委會也好,多年來推動愛惜文化資產的活動,特別是歐洲每年一度開放各級古蹟及歷史建築的「歐洲文化遺產日」活動(每年九

月的一個週末，連續兩天的開放），已蔚成風潮，同時配合舉辦各式宣導活動。認識古物最好的場所是在博物館（無論是其本身館藏或借展收藏者的古物），為了鼓勵年輕觀眾到博物館，像英國一向有免費入館辦法，法國亦於二○○九年由文化部長正式宣布，今後凡未年滿二十六歲的青少年及兒童，皆可免費入館，至於年滿六十歲或六十五歲的資深公民，各國也多有優惠票價或免費方案，值得國內參採推行。又如中小學的藝術教育、大學階段的通識教育，也該考慮將國內外最重要文化資產的認識納入課程中，這也是提高國民文化素養與世界觀的有效途徑。

第四章

文化觀光的發展政策

　　觀光政策，是文化政策中很重要的一部分，有些國家的中央文化行政機關稱為文化觀光部（例如大韓民國），至於主管觀光事業的文化部更是為數不少，例如西班牙、義大利、英國等等；各類觀光事業中，文化觀光涵蓋面最廣。一般觀光事業的論著通常依旅遊目的將觀光事業分成十多種類型，至少包括：

　　1. 休憩觀光（recreational tourism）；

　　2. 文化觀光（cultural tourism）；

　　3. 會議觀光（conventional tourism）；

　　4. 生態觀光（ecotourism）；

　　5. 運動觀光（sport tourism）；

　　6. 節慶觀光（festival tourism）；

7. 療養觀光（curative or health tourism）；

8. 宗教觀光（religious tourism）；

9. 營地觀光（camping and caravan tourism）；

10. 美食觀光（gastronomic tourism）。

上列觀光事業類型中，不少是跟廣義的文化觀光分不開的，就像休憩觀光，多數主題園區，如迪士尼樂園（Disneyland）、歷屆世界博覽會的園區，其主題多數是文化性的。會議觀光也常脫離不了文化色調，例如開會期間插入的參訪活動，或會後遊覽安排的地點，經常是當地區的著名博物館、藝術表演場所或到文化名勝、歷史古蹟參觀。至於運動觀光，何嘗不包括文化藝術的盛典，奧林匹克運動會的開幕式及閉幕式，充滿賞心悅目的藝術表演節目，已成慣例。談到節慶觀光，本身就是文化性的，無論是國際影展、藝術季活動〔如愛丁堡藝穗節（Edinburgh Festival Fringe）、亞維儂藝術節（Festival d'Avignon）〕，本質上是文化觀光的活動。最深入文化性質的還有美食觀光，各式地方佳餚美酒，就是地區文化的一部分，有其深厚的文化傳統。由此可見，文化觀光已成為當代觀光事業的主流，其產值在整體觀光事業占有很重要的份量，有其不可替代性。文化資源的豐富與多姿多彩性（diversity）是發展觀光事業很重要的條件。

第一節 ▶▷以文化特色與生活品味吸引觀光客

　　文化觀光的定義相當紛雜，涵蓋性較廣的一個界定是「吸引遊客到一個不同文化風格的地區或城市，以認識、體驗與鑑賞當地的文化資產、生活情調及文化風格的休閒遊樂事業」。這種定義強調文化觀光同時是「知識性的」、「審美性的」及「休閒性的」。可以是參觀博物館、教堂、寺廟或其他古蹟建築；也可能是參加音樂或戲劇季節活動，或者為漫步古老市街，品嚐傳統美食的觀光活動；當然，文化觀光也有只是喜歡目的地的生活情調或文化氣氛，例如到義大利慢城運動（slow cities movement）的小城度假，享受其寧靜、人情味及慢食的樂趣，都成為文化觀光的格調。

一、文化觀光客的特質

　　文化觀光客通常是深度旅遊者。所謂深度，雖然是相對於初次到一地方旅遊的觀光客，後者觀光的主要目的是一般性的認識目的地，而且遊覽的地點多是較著名的景點，特別是觀光客密集的地區；旅客因為久聞盛名而想實地觀賞，具有「到此一遊」的心理，例如多數大陸觀光客來台都以日月潭、阿里山為首選的景點，就是此種現象的例證。所謂深度旅遊者，雖然不一定對文化觀光特別感興趣，但至少是到過旅遊目的地，對多數名勝已有印

象或相當熟悉。因此，他們要觀賞的，或是旅行的目的屬於較專門的或較特別的一方面，希望更深入地探索及體驗當地文化的特質。

　　從年齡層來說，文化觀光客一般而言年齡較大，以中年或高齡者居多。主要是文化觀光，通常耗費較高，特別在住宿與飲食為然，而且在時間安排上也相對從容而悠閒，對於退休族而言，文化觀光通常是樂意的選擇。不少搭郵輪度假的人士，每到一地，也鍾愛文化性的旅遊活動，配合船上所接受的藝術課程，下船後的實地觀光正好是印證課堂上講解的導覽活動。不少在事業上已有建樹的專業人士經常參加各類社交性（如獅子會、扶輪社）年會，或專業論壇，也常有考察或視察業務的旅行，配合文化觀光是這類國際會議、大型交際集會常有的安排，所以較一般年輕的旅客在文化觀光上投入的時間及消費為多。因此，很多文化觀光的招攬，總以中年以上旅客為優先的對象。

　　有些調查也指出，文化觀光客傾向教育程度較高的旅客，因為文化觀光與文化品味及審美水準頗有關聯性。教育程度較高，特別是完成大學本科教育的人士，在學時接受博雅教育的薰陶較充足，在藝術史、人文素養的訓練方面相對較多，對傳統的高雅文化有較多機會接觸。固然，文化觀光客也有為流行文化（如時裝展、流行音樂大會）而旅行，或參加類似屏東墾丁「春天吶喊」之類音樂祭；後者顯然以年輕旅客為眾，跟教育程度也較無關聯。不過一般而言，文化觀光的「文化」，似乎跟古典的、傳統的、高雅的相關性較高。

二、文化觀光也包括生態觀光

《國際文化觀光憲章》（International Cultural Tourism Charter）係於一九七六年由「國際古蹟與景點聯合會」（International Council on Monuments and Sites，簡稱 ICOMOS）在布魯塞爾提出，此一憲章經八度修改，一九九九年在墨西哥ICOMOS大會通過，成為文化觀光很重要的文獻與宣示。全文中很重要的一項原則就是文化觀光包括了自然資產的觀光，強調文化觀光的永續發展必須同時兼顧自然觀光景點的生態保育、維護與適當管理，將觀光事業對生態環境的衝擊及可能的破壞，減低到最小程度。該一憲章提醒每個遊客，對當地文化環境（包括自然環境）應有尊重的態度，成為對自然環境的保護者及生態管理的支持者，以維護文化及自然觀光事業的正常發展。

近來，生態觀光逐漸蓬勃，生態觀光又稱綠色觀光（green tourism），或稱對環境負責的觀光（environmentally responsible tourism），其活動方式如爬山、健行、賞鳥、荒野步行、海上賞鯨等等，盡量將觀光旅遊活動與自然保育連結在一起。一方面滿足旅遊者休憩與觀賞的體驗，另一方面亦有適當觀光利益回饋地方。在規劃生態旅遊場域時，隨時考量「承載量」的觀念。承載量的顧慮表示自然資源的利用都有一定的極限，隨時應予戒慎顧及，不要過度利用自然與文化資產而造成無法永續的禍害。這種承載量除了考慮「設施承載量」（facility carrying capacity）外，同時要兼顧「生態承載量」（ecological carrying capacity），隨時

分析現行觀光事業的進行方式與密度對當地植物、動物、土壤、水質、空氣品質的影響程度，進而規範遊憩承載量，免得過度使用。

所謂永續為本（sustainable）的文化觀光事業規劃，必須重視如下原則：

    1. 不為觀光的經濟利益犧牲生態環境的永續發展；

    2. 全方位的規劃（holistic planning），兼顧承載量的課題；

    3. 維持文化資產與生物多樣性的永續；

    4. 不可為這一代經營者的利益而損及下一世代居民的環境生態平衡。

第二節 ▶▷ 文化觀光資源的開拓

一、突顯展演藝術的民族文化特色

外國觀光客到台灣從事文化觀光的旅遊，主要為觀賞一些在其他地區少有的文化資產，包括保存與展示於博物館、文物館、遺址、傳統建築群聚的社區的觀光資源。以當前台灣吸引國外觀光客最多的景點而言，應以故宮博物院為首屈一指。然而除了故宮博物院被列為必到景點外，有些從事深度旅遊或具有特殊興趣的遊客也可能對當地的原住民文化情有獨鍾，而參觀順益原住民博物館，或到九族文化村一趟。也有觀光客對民俗文化感到好奇，

而安排到鹿港民俗文物館參觀，或到林安泰古厝一遊，或許到台南地區的廟宇、老街漫步。

　　要發展台灣的文化觀光，必須展示台灣文化多姿多彩的風貌：有來自中原的中華文化傳統藝術；也有近三、四世紀的移民文化，包括河洛語言與客家語言為經絡的在地文化，表現為活生生的民俗藝術；以及原住民的原始藝術。因此，在觀光資源的開拓策略上，必須兼顧並重，維持數處夠水準且具代表性的文物館或園區。此外，台灣的宗教文化也相對於中國大陸較為蓬勃而具規模，特別是佛教藝術的展示允宜提升其呈現水準，讓觀光客更注意到其深厚的文化根源與活力。在慈濟、佛光山、法鼓山及中台禪寺外，國內也逐漸出現若干足以吸引觀光客前往的宗教文化景點。可惜在觀光宣導方面，台灣的宗教藝術似乎並未受到足夠的重視。

　　觀光客喜愛於晚間觀賞當地的表演藝術，所以維持一、兩處民俗綜藝表演的場所（類似早期文建會支持的「中國民俗之夜」，或如中國北京的老舍茶館之類表演場所），確有需要。又如每年舉辦兩、三場規模較大的傳統藝術季節活動，並贊助小型的地方戲曲定期公演（包括京劇、崑曲、南管、歌仔戲、布袋戲等等），也可讓外來觀光客有滿足雅興的去處。

　　近年來台灣各地逐漸出現若干夠水準的生態園區，兼有展示台灣特有生態資源（動植物與礦物）及休憩養生的目的。此類保存台灣生態資源的園區，觀光行政當局自有義務予以財務支援，並納入文化觀光行銷網絡；在生態觀光日益受到重視的今日，生態園區的開拓與深化，亦為當務之急。

二、呈現中華民族生活藝術的新風貌

　　台灣地區的文化景觀與對岸中國大陸有高度的類同，特別是生活習俗為然。雖然海峽兩岸因幅員大小與歷史淵源差異，在文化資產與自然景觀數量方面頗為懸殊；但是細心的國外遊客在比較觀察與深度體驗旅行後，常發現台灣的文化觀光在一些層面有中國大陸尚難媲美之處。以茶藝為例，台灣地區與大陸地區雖各有名茶勝出（例如福建武夷山的大紅袍與台灣鹿谷的凍頂烏龍茶），但是台灣社會多年來在茶道方面的講究，顯然遙遙領先對岸的同道。台灣很多茶席重視優雅意象的表達，不僅在茶具精緻化與周遭氣氛的布置安排非常用心，而且逐漸發展出一整套相當完整的茶道與茶經。品茗在台灣是一種生活美學的享受，是視覺、味覺與性靈兼有的愉悅經驗。又如台灣各地的中華料理（江浙菜、北方點心、川菜、福州菜等等），源自五〇、六〇年代大陸名廚的來台，但是今日台灣若干餐廳美食已青出於藍，常令大陸觀光客驚嘆。至於台灣料理，尤其是養生料理，經過半世紀以來的洗舊翻新與社會需求的催化，已脫胎換骨，自成一格，另有一番特有的格調與風味，成為中華民族生活藝術的大體系下一支具有「在地化」特色的美食。此外在蔬菜、水果方面，台灣市場也兼有多樣化與高品質的風格。中華民族歷來重視生活藝術，歐美觀光客鍾愛東方哲理，也熱衷這類早期林語堂先生所宣導的「生活的藝術」。所以發展文化觀光理應循此方向繼續努力，將傳統文化、生活美學與現代化的舒適融會一爐，才能吸引國外的觀光客。

三、以歐洲文化首都的策略為例

一九八五年六月，歐洲文化部長會談在希臘文化部長 Melina Mercouri 建議而得到多數其他與會者贊同下，開始一起推動年度性的歐洲文化首都（European Capitals of Culture）方案。這是歐盟推展文化觀光一舉成名而迄今仍然在延續中的文化觀光政策。每年經過公平程序推選年度歐洲文化首都，通常在三、四年前就先行決定以利籌劃藝文活動。獲選城市不僅是一種殊榮，也代表歐洲文化品牌，而且獲得歐盟及相關機構的財務支援，成為當年度歐洲藝文活動及國際會議的熱門景點。下面羅列最開始十年膺選的文化城市為例。

1985 Athens（希臘）　　　　1990 Glasgow（英國）

1986 Florence（義大利）　　1991 Dublin（愛爾蘭）

1987 Amsterdam（荷蘭）　　1992 Madrid（西班牙）

1988 West Berlin（德國）　　1993 Antwerp（比利時）

1989 Paris（法國）　　　　　1994 Lisbon（葡萄牙）

二〇〇〇年因為年份特別，有 Reykjavik、Bergen、Helsinki、Brussels、Bologna、Prague、Krakow、Santiago de Compostela 及 Avignon 等九個城市共同獲選，以示千禧年大慶。稍後，Rotterdam、Porto（2001），Bruges、Salamanca（2002），Graz（2003），Genoa、Lille（2004）等七城市獲得同樣殊榮。二〇一三年為法國 Marseille、斯洛維尼亞的 Kosice 當選，二〇一四年由

瑞典的 Umea 及拉脫維亞的 Riga 共同當選為歐洲文化首都。

　　歐洲文化首都是分年選取已開發觀光勝地或新發現觀光資源加以宣導的例子。截至目前，歐洲文化城市總數已超過六十個，有些城市雖早已名聞遐邇，如巴黎、阿姆斯特丹、布拉格、雅典、佛羅倫斯等等，在文化觀光上不用再靠新冠冕來嘉許，不過額外資源的注入也一樣增添光采；至於半數以上較少受到注目的文化城市，經過歐盟專家的輔導及新資源的支持，猶如麗質清秀的村姑經過化妝師的打扮，容光煥發，很容易讓人驚豔。更重要的是，經過這樣每年的推選與宣導，在觀光客及一般文化愛好者心目中，更能對歐洲文化的多姿多樣性有深刻的印象，產生前往一遊的心願。有些城市五、六年前就先選定，以利籌措資源，加強基本設施，且提前宣傳，以利城市知名度的躍升。

第三節 ▶▷ 發展觀光旅遊事業的配合條件

　　文化觀光事業也是整體旅遊事業的一環，不能忽略相關行業的服務品質及整體旅遊交通的配合條件。下面分為：(1)基本公共設施；(2)旅館及餐飲設施；(3)觀光專業人員的素質；(4)當地居民的友善態度；(5)出入境的便利性等，分別討論。

一、基本公共設施

　　基本公共設施的英文稱為 infrastructure，包括範圍甚廣，最

主要的當然是交通運輸的設施，從航空交通的便捷性、機場設備的現代化、驗關通關的親切性、港口碼頭的營運水準、郵政電信的方便性、各地停車場的設施、大都會的捷運系統、國內交通主軸的高速公路與高速鐵路，以及銀行外幣匯兌與信用卡使用的方便程度，都構成整體公共設施的環節。如果一部分環節為觀光客所詬病，對招攬觀光客就有負面效應。

二、旅館及餐飲設施

旅館及其他餐飲場所的水準一向為觀光客所重視。國際上聲譽較著的旅館連鎖系統，如 Sheraton、Hilton、Four Seasons、Marriott、Sofitel等等，是否在當地設有四星級以上的商務旅館，對觀光旅客行程的安排常有決定性的影響。有些文化觀光客則偏愛度假式的旅館（resort hotels），或選住較長期（例如一個月以上）的假期旅舍（如法國的Pierre & Vacances、Citadines系統）。當然不少年輕的文化觀光旅遊者喜歡較廉價而富有人情味的民宿設施。近年來，台灣在民宿方面發展快速，素質也提高很多，是吸引觀光客的優越條件。

在餐飲方面，餐廳的設備、價格、衛生條件、服務態度都是一般旅客所重視的因素。但是針對文化觀光旅遊者而言，餐廳菜餚的地方特色，包括飲料（尤其是酒類）更是優先考慮的指標。法國、西班牙、義大利在觀光事業上獨領風騷，與這些國家各地區分別有其特色的佳餚美酒頗有關聯。有些美食之旅（gourmet dining tours）很有吸引力，雖美食餐廳不見得是頂尖餐廳，可是

具有地方美食的特色，價格亦相當合理，所以旅遊者趨之若鶩是理所當然的。

三、觀光專業人員的素質

我國《發展觀光條例》第二條所界定的旅行業指的是「經中央主管機關核准，為旅客設計安排旅程、食宿、領隊人員、導遊人員、代購代售交通客票、代辦出國簽證手續等有關服務而收取報酬之營利事業」。所以觀光專業人員範圍頗為廣闊，但最主要的是領隊、導遊（包括地陪與導覽人員）以及旅行社安排行程、訂位的服務人員。這些服務人員的專業素質，包括專業嫻熟程度、服務態度、語言表達能力（外語能力亦不可缺），以及以旅客為本位，替旅客處處設想，盡量做到「價廉物美」非常重要。

四、當地居民的友善態度

旅遊目的地的治安好壞一向為旅客所關注，旅遊過程中如果人身安全不能獲得充分保障（例如有暴亂事件進行中），旅客當然卻步。此外，當地居民如對某類文化背景或某些國籍人士存有敵意，亦會嚇阻相關背景觀光客的到遊。相反的，文化觀光客最在乎「賓至如歸」，喜歡與當地居民融合在一起，能自由自在地漫遊，深入鄉野民間，所以居民對外來人士的友善態度往往是旅客考慮去留的關鍵。

五、出入境的便利性

　　出入境如果方便，旅客自然會有一遊再遊的動機，否則常是到此遊過已足，觀光人數也不易有大幅成長（過去前往俄羅斯、東歐國家常有此一情形）。所以旅客簽證的開放性與多次性（例如一年多次簽證，甚至免簽證入境），可能影響旅客遊覽的意願。近年世界上主要國家及地區已有一百三十多國對持中華民國護照的台灣旅客開放免簽證入境觀光的便利，帶動國內旅客前往各地旅遊的人數快速增加。所以推動文化觀光，必須同時將簽證業務列入考慮。

　　台灣觀光旅遊的領航人嚴長壽先生曾將觀光客的成長分為三階段（嚴長壽，2008：18-25）：第一階段為「走馬看花」，旅客通常希望一次看遍知名景點，去的國家愈多愈好，這類旅客「每到一個景點之後，快速瀏覽一番，就開始拍照留念，買紀念品，然後趕緊上車，轉往下一個景點」。這類旅客也參觀文化景點，但究竟不是觀光重點所在。到了第二階段，稱為「深度旅遊」，觀光客在出發旅遊前，通常先對當地文化名勝做過功課研究，所以進行文化觀光的情況也較為普遍，因為對旅遊地的一般景點已相當熟悉，自能選擇性地就歷史古蹟、建築藝術或者展演活動從事深入的考察。至於第三階段，嚴長壽稱為「無期無為」的旅遊，主要係藉生活環境的更換與不同生活方式的體驗，放鬆心情，享受旅遊的樂趣，使平日緊張的生活壓力得到鬆弛與調節。一般言之，第三類遊客具有相當消費能力，在文化素養上也略勝前兩類

觀光客。因此，要吸引第三類旅客常到台灣度假，自須有特別優雅而深厚的文化資源，讓他們在台灣旅遊期間，不但覺得賞心悅目，且體驗到在地生活藝術的怡然自得，特別是居住條件與美食料理為然。所以台灣今後在文化觀光的開拓，必須超越第一階段，進入第二階段，特別是邁向第三階段，才能維持觀光客源的歷久不衰。文化觀光的發展是一種開發「感動」、「貼心」與「創意」的藝術工程；單是有形的觀光資源，不見得能抓住旅客再回來旅遊度假的意願。近年台灣社會的人情味及藝文品味頗能吸引港澳地區及大陸遊客的喜愛，今後文化觀光的政策有待從文化藝術、從更總體的角度去思考及改進。

第五章

流行文化與文化消費

　　多數人在其日常生活中隨時以不花錢或以購買方式在消費文化產品（張君玫譯，2001）。每天的讀報刊、看電視及接觸形形色色的文本廣告，就是一種文化消費的行為。這種消費現象跟十七、八世紀歐洲貴族上歌劇院或在自身宮廷裡藝文聚會；或是時下影迷到電影院看電影，歌迷到演唱會聽歌星演唱，性質上是一樣的，只是消費的產品及消費活動的類型有所差異而已。在現代生活中，人們日常生活的文化消費受到時尚（fashion）與流行文化的影響很深。文化消費的習性與樣式，往往反映出消費者的社會階層、教育背景、經濟條件，也隱含其社會態度、價值導向以及自我認同。單從一個人每日閱報所選讀的報紙、看電視所收視的電台與固定節目，到書店選購感興趣的書籍類目，或從消費者

的穿著服飾，以及日常休閒活動的安排，不難明白這個人文化消費的大概。

第一節 ▶▷ 流行文化的意義

　　現代人的文化消費被天羅地網的傳播媒體從早到晚滲透著和籠罩住，所以流行文化的認識是瞭解文化消費的基本條件。早期的「流行文化」一詞，常用以跟「高雅文化」相對而言，也跟「通俗文化」、「大眾文化」常擺在一起。因為一個社會在中產階級壯大前，文化消費的對象是相當兩極化的。上流社會的仕紳或官宦之家，受過博雅教育（liberal education）的薰陶，其文化消費也是偏向高雅的、古典的文本，是少數人才消費得起的高級享受；而流行文化則是屬於普羅大眾的文化消費現象，較為全民化，符合大眾趣味，也可能被自以為眼光高尚的上流階層視為庸俗，甚或批評其過於低級、不入流，甚或被看成向傳統價值挑釁的洪水猛獸。

　　然而近二、三十年來，隨著文化全球化的擴散，特別是流行文化背後跨國公司操盤包裝及運用傳媒行銷的結果，流行文化中不少新潮漸能跨越社會階層的鴻溝，消弭地域文化的障礙，成為一股勢不可遏的浪潮。例如卡拉 OK 已不限於普羅大眾的趣味，也不再是年輕人和中年人的專利；流行音樂一旦成為時尚，所向披靡，不單是某一分眾消費者受到影響。單看二○○九年六月麥可·傑克森逝世引起舉世的哀悼與震撼，就可瞭解流行音樂的上

乘者已有跨越地理疆域及文化邊界的威力，也超越年齡層與種族別的劃分。不少學術界人士相信流行文化追根究底，已成為西方文化霸權宰制全球化市場及其數以億計消費者的生活必需品。

一、流行文化的表徵

由於流行文化範圍太廣，跟大眾傳播有密切的互動關係，也往往成為文化消費的表達形式，所以要為流行文化下一確切而周全的定義至為困難。但是透過流行文化所顯現的種種特質，可以歸納出若干表徵，以描繪出它的輪廓。

(一) 流行的倏忽性

首先，一般流行文化是不可能長期存在的。所謂「流行」，意味著過了一段時間以後就不再流行，或是日久以後，漸為社會大眾所淡忘，沒沒無聞，也可能消失無蹤，不復受到青睞或注意。流行文化去也匆匆，但是來時也飄忽不定，常是若干偶然條件的湊合，不太可能受到地區利益集團或文化企業的操弄。文化霸權的推波助瀾通常是後來聲勢已經形成的事，要靠預先的規劃與人為力量的引導，形成一種新興的流行文化，即使非絕無僅有，也是罕有的例子。例如台灣早期的「電子花車」流行一時，係當時社會文化背景的時間與空間因素交織形成，電子花車無法予以改良而企業化，理性的「包裝」也可能「畫虎不成反類犬」，該一流行文化就變質了。

(二) 符號意義及象徵系統

通常一種流行文化係存在於若干特定的文化場域，這種文化場域並不等同政治疆域或貿易疆域。流行文化的崛起係在特定社會文化背景下，因應生活條件與文化因素而產生，由一定的符號或象徵系統所組成，此等符號在該文化疆域具有特別的意義。例如食用檳榔在台灣自日據時期早已存在，但不普及。但是台灣地區檳榔西施的走紅，超越了購嚼檳榔的純粹消費行為，而成為流行的文化現象；主要跟檳榔女郎穿著大膽裸露，檳榔攤販成為「養眼」的場景，蛻化成廣義色情的一種符號系統有關。「醉翁之意不在酒」，光顧檳榔攤的消費行為不是純粹的消費現象，就像穿運動便裝的年輕消費者喜愛 Nike 名牌符號一樣，同樣是文化現象。

(三) 大眾化的特徵

流行文化的生命力存在於群眾中，為廣大的群眾所熱愛與接納，一旦大眾對其厭倦而離去，流行文化也同樣曲終人散，走到生命的末路。通常一種流行文化在發展初期，其追隨的群眾是相當有限的，主要是多數流行文化對其社會傳統往往具有挑戰性，甚或顛覆性，開始時不太能為道統派所接納。隨著參與群眾的擴大，特別是文化菁英及專業人士的加入，流行文化也走上制度化。例如台灣每年四月在墾丁海灘的「春天吶喊」搖滾音樂祭活動，開始時因為只是有限的表演團體以野台方式呈現，在墾丁海灘開唱，參與人數頗為有限；後來漸成為原創音樂藝術祭，吸引無數

本土搖滾樂迷；如今已形成一股熱潮，化身為搖滾音樂引發的舞會盛典，甚至是一種以狂歡招徠的聚會。春天吶喊漸從早期被指責嗑藥、縱慾的負面印象扭轉回來，主要是靠專業人士的循勢利導使成為一文化創意活動，吸引更多群眾的加入，已呈現藝術季節的形式。

(四) 與青少年次文化的關係

流行文化的主要消費者是青少年群眾。一方面因為青少年消費者求新奇、好變異，鍾情於官能刺激（sensational），而且在性格上有一叛逆性，對於一些離經背道的新行為模式較有接納與嘗試的態度，對於後現代藝術與創意翻新的產品也欣然面對。所以多數流行文化在崛起初期總是首先獲得青少年群眾的青睞，才能獲得壯大的養分。從人格發展的過程分析，青少年期也是尋求自我認同的階段，流行文化常成為年輕消費群認同的對象，用以標榜自我成長、個性獨立、另成一格。所以流行文化的明星（特別是搖滾歌手），通常成為青少年心目中的偶像。

(五) 與文化產業的相輔相成關係

流行文化雖然有其非理性成分（高宣揚，2002：127-137），很難掌握其飄忽不定性，但是一旦形成氣候，有眼光的文化產業者很快會乘勢融入，開拓新興的市場；而流行文化也因為文化產業的扶持，如虎添翼，透過媒體的行銷廣告而擴散到廣大的群眾。難怪很多視聽產業都有其重點捧紅的歌星，例如新力音樂集團（Song Music Entertainment）對麥可‧傑克森的長期支持與合作

關係，就是一例。邇來咖啡文化在東方社會也紅極一時，星巴克傳奇始於一九七一年在西雅圖傳統市場開張，一九九六年即開始跨入國際，至今已獨霸一方，其主要也是配合咖啡文化的流行，開創一種文化產業的新形式，將喝咖啡變成了每日享受生活甜美的時刻：「放鬆的氣氛、交誼的空間、心情的轉換、靈性的舒暢」，而不僅是喝一杯濃咖啡而已。可見，文化產業的適度包裝與創意行銷，也能形成一股流行文化的新潮；是否能乘勢崛起，端視文化產業者有否眼光去搭配流行文化順流而下了。

二、流行文化的形式

學術上討論的流行文化，包羅廣闊，衣、食、住、行、育樂無所不包，其範圍幾乎等同於文化消費，涵蓋媒體消費的喜好，下面列舉若干較常被引述的流行文化，從中可見流行文化所呈現的種種形式。

(一) 流行時裝

服飾不但是基於蔽身或取暖的需要，也是一種文化消費的方式，從一個人的穿著往往可以看出其人格特性、文化背景與生活品味。當服裝穿戴與流行文化結合，更具有特別的象徵意涵。例如時下不少女性流行穿著露肚臍、股溝的長褲，或膝部補釘的牛仔褲，這類時裝在流行前原是不登大雅之堂的；但是一旦成為流行文化的一部分，有些時髦為尚的女孩不跟著大眾流行衣著，反而會被視為保守與落伍。

(二) 飲食文化

飲食不僅為果腹防飢或解渴，常常演化成一種流行文化的表現方式，如早期的咬嚼口香糖、某些行業（如職業駕駛）的嚼檳榔。又如近年來台灣各地流行的咖啡文化，街頭巷尾到處可見咖啡雅座，特別是星巴克的風行，皆具有濃厚的咖啡文化氣息，享用濃咖啡成為認同一種生活品味的表徵。

(三) 住宿方式

民宿在西歐雖起源甚早，但在台灣地區卻是近二十年來才流行起來，成為旅遊住宿的新時尚。國內近年如野花遍開的民宿，設施相當雅緻，很有鄉土風格，深為旅遊者喜愛；然而民宿價格不低，似乎與國外民宿以價廉取勝且設備較為簡樸的民宿特質頗有差異。可見，台灣民宿風潮的盛行，也是旅遊文化的新時髦，值得作為流行文化專題來探討。

(四) 傳播與社交

在傳播方面，流行文化可能表現於許多方面，如社交禮儀、表情達意方式（如見面擁抱禮）、送禮文化、社交舞蹈等等。近年來學術界對手機文化頗為重視，因為手機原是傳播的新產品，但手機已不再只是電話的功能，而成為年輕人的生活必需品，且是裝飾品，發展成一種「大哥大文化」，用以收發簡訊、攝影或其他娛樂功能。也有學者（Holden & Tsuruki, 2003）研究日本的流行文化，將手機與男女色情約會的「援交」（Deai-kei）放在一

起討論。

(五) 娛樂方式

在日常休閒娛樂中，也有不少學者關注的流行文化，例如國內的鋼管秀文化、麻將文化；討論日本流行文化的論著中（Kelly, 1998; Masao, 1998）常提到相撲（sumo）、柏青哥（pachinko）、漫畫書，特別是卡拉 OK 的流行，自一九六八年在日本出現後，歷久不衰，且傳播東亞地區，在台灣也是非常討人喜歡的娛樂方式，成為緊張生活中都市人鬆弛身心的熱門方式。

(六) 文學、藝術與音樂

流行文化造就很多明星，例如中國大陸早在一九七〇年代末期就開始受到鄧麗君歌曲所震撼，近年周杰倫歌曲的獨特風格也成為另一種流行文化（武斌、韓春艷，2009：48）。又如台灣在一九八二年中視播出《楚留香》連續劇後開始瘋迷港劇、一九八六年日本電視劇《阿信》也造成轟動，影迷開口閉口都提「阿信」，最近數年韓劇也成為台灣電視迷的流行文化主題。又如舞蹈方面，迪斯可及街舞也是流行文化的代表作。前些年，魏德聖拍攝的《海角七號》影片也一度成為流行文化的焦點，電影中詼諧幽默的對話方式，成為鄉土文化代表性的呈現，重拾影迷對台灣土地的認同。

第二節 ▶▷ 後現代社會的文化消費

　　後現代主義（post-modernism）代表從「現代化」大一統的文
化建構觀鬆綁，而走向多元紛異的文化消費與文化生產觀的轉變
過程。後現代的擁護者沒有共同的文化論調，只是在基本立場上
對文化菁英自命清高的既存文化形式不表認同，他們支持對通俗
化的流行文化與一些離經叛道的文化消費方式予以檢視，再予評
價，必要時不吝惜地加以肯定。後現代也是反映後殖民主義，對
文化霸權透過生產體制在消費市場的壟斷與把持，採取轉化與顛
覆的態度。認為作為一個文化消費者，可以利用選擇、轉換（con-
version）或融入（incorporation）等等方式，化被動吸收為主動創
造，由消費者化身為創意的生產者，透過自我認同與再建構過程，
抗拒文化的商品化（commodification），營造一種資本主義生產
體制下的抵制力量，開啟另類的標準，不同的聲音。因此，後現
代也代表社會上若干「邊際族群」的呼喚。當現代主義將理性作
為人類社會進步的指標時，後現代的藝術家、文學家、文化理論
鬥士大聲疾呼「多元化」、「相對性」、「模糊化」，後現代世
界的影像雖然說是「實在的反映」，卻充滿「虛擬」、「誇張」
與「扭曲」，因為後現代學者要突顯矛盾的存在，強調差異可以
並存，因為他們致力於破除一些根深蒂固的觀念、「自以為是」
的假設。在文化領域，後現代主義者進行著一種文化重建（雖然
不在全盤推翻），例如在學校教育方面，後現代教育家推動「另

類學校」（alternate schools），解構現代學校的既存形式。因為後現代強調改變「壓迫者」（生產者）與被壓迫者（消費者）的關係，所以是反主流文化的，特別鍾情於多姿多彩的流行文化，跟「女性主義」、「多元文化主義」、「解放性知識」（emancipatory knowledge）、「後結構主義」（post-structuralism）相互呼應。

在當前流行文化此起彼消的更替下，文化消費的時髦性往往淪為生產機制背後資本家會同廣告網絡的操縱，甚至創造假需求的社會現象。然而後現代論者仍相信人們不只是針對產品特性進行消費，而在消費商品背後代表的符碼（signs），從中建構其文化認同（cultural identity）；人們從購買行為中體驗流行文化帶來的愉悅經驗、社會融和感。所以文化消費，包括作為閱聽人在日常生活中的媒體消費（media consumption）意味著，消費者與所認同的流行文化間維持一種相互依存的關係（盧嵐蘭，2005：59-62）。

第三節 ▶▷ 兩岸三地流行音樂的激盪

流行音樂是流行文化中討論最多的主題，也是文化產業的主角。過去三十年，台、港、中國大陸流行音樂此起彼落，每一階段都有跨境風行的歌曲、名歌星出現，儘管意識型態的藩籬一直存在，但是在流行音樂方面卻互相激盪與影響，為流行文化跨境流行的力量做了很具體的註解。

中國大陸流行音樂的鬆綁始自文化大革命結束後鄧麗君歌曲的傳唱，「最初人們聽到的流行音樂是隨走私漁船帶進來的鄧麗君的磁帶。聽慣了豪邁有餘、溫柔不足的革命歌曲的年輕人，一下子就被鄧麗君迷住了，甜蜜蜜、何日君再來、小城故事成了八十年代初期歌壇上最流行的旋律」（武斌、韓春艷，2009：4）。據說，由於當時鄧小平領導中國大陸經濟的開放，大陸老百姓流傳一句話：「白天聽老鄧，晚上聽小鄧。」一九八○年代初期中國大陸的女歌手，都以模仿鄧麗君的風格而起家，至於鄧麗君常唱的歌曲尤其成為大陸流行歌曲的範本。

鄧麗君在一九七二年就曾當選香港十大最受歡迎的歌星，一九七七年成為香港第一屆金唱片的得主，她擅長的華語老歌或日語歌曲在港台兩地同樣受到歌迷的熱愛。一九八○年她榮獲台灣金鐘獎的最佳女歌星獎，經常到軍中巡迴演唱，素被譽為「愛國藝人」，她所唱的〈梅花〉、〈中華民國頌〉，跟她的〈月亮代表我的心〉等柔情歌曲一樣家喻戶曉，到處被電台播放。

台灣的校園民歌，別具一番清新的風格，起源於一九七○年代的台灣校園，以吉他伴奏自彈自唱為主，為年輕歌迷所喜愛，侯德健〈龍的傳人〉一曲，經李建復等的推廣，成為校園民歌的代表作，胡德夫、楊弦、施孝榮、齊豫、殷正洋、王夢麟、羅大佑等，對校園民歌的風行都有其貢獻，部分台灣的校園民歌亦曾在香港及中國大陸傳唱，例如侯德健作品〈歸去來兮〉、〈捉泥鰍〉，羅大佑作品〈童年〉、〈鹿港小鎮〉，還有施孝榮常唱的〈歸人沙城〉，楊芳儀、徐曉菁演唱的〈秋蟬〉，齊豫演唱的〈橄欖樹〉，在兩岸三地都很流行。

一九八二年台灣中視播出《楚留香》連續劇，稍後國內三家無線電視台在週末晚間輪流播放港劇，帶動粵語流行歌曲的流行，張學友、張國榮、梅艷芳、劉德華、郭富城等香港樂壇的明星在台灣也走紅。一九八〇年代後期香港電視連續劇《上海灘》及台灣電視連續劇《一剪梅》的同名主題曲在大陸很多地區流行，一九八九年台灣歌星蘇芮、一九八九年費翔到大陸演唱，帶動台灣歌星專輯往彼岸暢銷的風氣，一九八八年張雨生的〈我的未來不是夢〉、一九八九年童安格的〈其實你不懂我的心〉都引起大陸歌迷的迴響。

　　最近十年，江山代有新人出，張惠妹、蔡依林、周杰倫、孫燕姿、王力宏這些流行音樂「天王天后」級的人物，在兩岸之地都紅遍半邊天，其中尤以周杰倫能突破華語音樂的既有主題及形式，融合多元的生活素材，創造出獨特的歌曲風格，特別受到三地歌迷的刮目重視。中國大陸每年皆有「中國歌曲排行榜」的產生，推選最受歡迎的男女歌手，此一名單也產生了不少流行音樂的桂冠歌星，新人新歌，不時令人驚艷。

第六章

爭議不斷的語言政策

　　在諸多文化政策中，語言政策恐怕是最複雜而且經常成為火爆性新聞焦點的論題。因為在多族群組成的國家裡，語言問題總是跟種族問題糾纏不清，族群語言是否列為官方語言，自然代表這一族群的社會地位而間接影響其文化傳承，而且會牽涉到教育系統中族群子弟的學習成就問題。母語受到漠視，可能成為社會水平流動與向上流動（upward mobility）的障礙。難怪語言政策要做到四平八穩、照顧不同族群的基本權益確是相當不易。雖然全球性的工作語言（working language）屈指可數，包括英語、法語、西班牙語、德語、華語（漢語）、阿拉伯語、俄語等等，但是，全世界各族群通用的語言粗略估計超過五千種以上；單是歐盟地區而言，官方語言有二十四種之多，如包括較次要的地方語

言（如阿爾薩斯語、威爾斯語之類），通用語言超過五十種以上。
又如獨立建國後的南非共和國，官方語言也有十一種之多（Mmusi,
1998: 226）。因此，在討論語言政策前，不能不先認識一下在語
言政策上向來較多爭議的國家，對其語言政策所存在的文化背景
有一番瞭解，才能把握政策的本質。

第一節 ▶▷ 語言問題存在的背景

在眾多語言政策常被提出討論的國家中，大致可分三類：第
一類是國土上有兩種以上幾乎同等重要的語言地區，例如比利時、
瑞士、加拿大等；第二類是疆域裡有一種主要語言，但是因為外
來移民族群日漸重要，希望透過雙語政策或多語政策，承認族群
母語的地位，如澳大利亞、美國、紐西蘭等；第三類的情形是像
新加坡、南非、香港原以殖民政府的官方語言為正式工作語言，
但有族群溝通語言的流行，獨立或自主之後，傾向於維持原有通
用語言，但亦承認族群語言的法律地位。下面試分別舉例作較詳
細的說明。

一、比利時的情況

比利時的國土略小於台灣（30,528 平方公里），人口約一百
萬人。歷史上，比利時曾先後受羅馬帝國、法蘭克王國、德意志
王朝、神聖羅馬帝國、布根第公國（Duchy of Burgundy）、奧地

利及西班牙哈布斯堡王朝、法蘭西王國、尼德蘭聯合王國（The United Kingdom of Netherlands）之統治，直到一八三〇年始脫離尼德蘭聯合王國而獨立建國。但是，第一次世界大戰及第二次世界大戰期間又兩度被德軍占領一段時期，使得比利時的語言問題顯得特別複雜。

大體上說，比利時人口中有57%為法蘭德族群（Flanders），大部分住在北部，靠近荷蘭的地區；另有42%的瓦隆尼（Wallonia）住在南部，較靠近法國；此外，有不到1%的人口（約六、七萬人）屬於德意志族群，分布在靠近德國的邊境。由於比利時參與國際組織一向非常積極，不僅北大西洋公約組織總部在布魯塞爾，目前歐洲聯盟的部長理事會、歐盟常設委員會等主要部門辦公室亦設於布魯塞爾，所以，比利時境內亦有約九十萬外籍人士的常住人口。

法蘭德族的母語是荷語，瓦隆尼族則講法語。從一八三〇年開始，法蘭德族一直感受到荷語在比利時境內未被足夠尊重，所以引發法蘭德民族運動。到一八七三年爭取到法蘭德區法院訴訟程序得使用荷語的權益（過去一向使用法語），稍後於一八七八年法蘭德區基層行政機關也荷語化，一八八三年正式規定法蘭德區公立中學以上教育機構必須使用荷語，一八九八年比利時通過《平等法》（Equality Law），確定在國會及各類官方出版品中，荷語及法語享有平等地位。一九七〇年以後，比利時又透過數度修憲，創設文化社群（cultural communities）及地區（regions）的概念，打破單一體制國家的形式，在本書後面當再詳予討論。

比利時的官方語言有荷語、法語、德語三種，但是在公務上

被完全使用的只有荷語及法語兩種，法語在各種正式場合始終屬於強勢語言的地位。比利時尚有八種地方性語言，這些語言通常不具書寫形式，也未完全標準化，多數於私人場合使用，比利時有四分之三人口在非正式場合喜歡使用這類地方性語言。

二、加拿大魁北克省的情況

魁北克（Quebec）是加拿大最大的一省，面積一百五十四萬平方公里，相當於阿拉斯加的面積，人口約占加拿大總人口的四分之一（約八百萬人）。魁北克省的生產總值占加拿大全國生產總額的 22.3%，所以對加拿大來說，是舉足輕重的省分。不過，該省居民中 82%以法語為母語，只有 9%以英語為母語，另有 9%講英語及法語以外的語言。由於語言與文化差異，魁北克省與加拿大其他以英裔為主的省分，存在著相當的矛盾。魁北克地區的法裔族群自一九六〇年代開始，推動獨立運動不遺餘力，一九八〇年五月及一九九五年十月曾兩度舉行公民投票，可是，魁北克獨立自主脫離加拿大聯邦的訴求遭到否決。

魁北克的語言問題，源於十六世紀中葉法國在聖羅倫斯河盆地（St. Lawrence Basin）建立魁北克市（Quebec City）與蒙特婁（Montreal）兩個城市，自此法裔移民大量遷移至此。英法七年戰爭（1756-1763），法國戰敗，魁北克亦割讓英國，與加拿大其他地區合併為後來的加拿大聯邦。

一九六〇年初，加拿大成立「雙語與雙文化皇家委員會」（Royal Commission on Bilingualism and Biculturalism），該委員會

於一九六五年提出報告，建議雙元文化政策，並賦予魁北克省較大的自主權。一九七〇年加拿大國會通過《官方語言法案》（Official Language Act），明訂英語與法語同為官方語言。但是魁北克省法裔「魁北克自由陣線」（Front de Libération du Quebec，簡稱FLQ）等激進份子並不以此為滿足，獨立運動引發的「去英語化」持續升溫。一九七四年魁北克省議會自行通過在該省轄區內，法語為唯一官方語言的《官方語言方案》（通稱 Bill 22），規定官方文件及正式場合的溝通只用法語，醫師、律師等專業也必須通過法語檢定考試。一九七六年魁北克省議會進一步通過《法語憲章》（The Charter of the French Language），通稱《Bill 101 法案》，強制政府機構、議會、法院、學校、商業、勞工界都要使用法語。此外，並禁止商業看板使用英語，交通號誌與道路標示也一概使用法語。由於引起加拿大其他各省英裔公民的抗爭，並上訴到加國最高法院，《法語憲章》的規定後來也鬆懈下來，未能徹底實施。

三、美國的情形

美國一向有「民族大熔爐」的美譽，不僅對來自世界各地的移民採取較開放的政策，而且歷史上其人口組成有較複雜的種族背景與文化傳統。以美國地區英語以外的次要語言（西班牙語）的形成背景為例，一五四二年發現美洲新大陸的哥倫布就帶了許多西班牙的冒險家、傳教士、屯墾者到美國。一八二一年西班牙將佛羅里達割讓給美國，一八四六到一八四八年的美國對墨西哥

戰爭，美國勝利後接管墨西哥的大片土地，包括現今的加利福尼亞州、猶他州、亞歷桑那州的大部分，以及新墨西哥州、科羅拉多州的一部分與懷俄明州，居住在這些地區的原墨西哥裔美國公民，就自然與講西班牙語的拉丁美洲有相當淵源。拉丁美洲後裔的美國人雖然非純西班牙族群，有些是西裔與印地安族的混血，有的是西裔與黑人的混血，在文化上卻與拉丁美洲有濃厚的關係。此外，目前為美國自治領土的波多黎各人亦屬美國公民，也與拉丁美洲在語言與文化傳統上相牽連。至於二十世紀後期由拉丁美洲移民抵美，包括偷渡或逃難赴美（特別是一九六〇年代卡斯楚掌權後的古巴移民），差不多都講西班牙語。所以，美國加州、德州、佛羅里達州的南部城市，西班牙語的報紙、廣播電台、電視節目非常盛行，已成為多元社會的典型。

美國的歐裔移民也帶來語言問題，包括德裔、東歐移民（特別是波蘭後裔）、北歐移民以及法裔移民。早在十八世紀中葉，賓州的德裔移民就曾掀起語言的抗爭，路易斯安那州因係遲至一八一二年始併入美國版圖，所以法語在該地區曾經是主要語言。據歷史記載，一八〇三年傑佛遜總統曾派一名不懂法語的殖民總督到路州，此人宣布今後官方文書必須譯成英文才受理，引起法商譁然抗議（Crawford, 1998:104）。

美國雖有大約六十萬人的印地安土著，分布於二十六州，有三百一十五個族群，聯邦政府及州政府皆指定有印地安保留區，聯邦政府內政部設置「印地安人事務局」（Bureau of Indian Affairs），保護瀕於消失的印地安語，亦為任務之一。一九二四年美國國會賦予境內所有印地安人美國公民身分，可是實際公民權

的行使，卻是一九六四年《民權法案》（Civil Rights Act）通過後才實現。印地安族群之外，夏威夷州也有少數族群語言問題。夏威夷係一八九八年才納為美國聯邦共和國的一州，一八二〇年代傳教士曾為當地土著創造拼音文字，到一八五〇年代左右，多數夏威夷族人已能運用母語溝通。當然，目前英語是夏威夷州最主要的溝通語言，也成為該州的工作語言。

四、澳大利亞與紐西蘭的情形

澳大利亞的原住民主要包括許多不同語言的土著和托雷斯海峽（Torres Strait）島民，直到一七八八年歐洲移民抵澳時，總人口只有三十萬人左右。英國向澳洲移民最早的七、八十年主要是外送囚犯，先後輸送約十六萬的囚犯，直到十九世紀中期由於澳洲羊毛工業的發展，勞動力嚴重缺乏，一般移民源源而至。至一九〇一年澳大利亞宣布獨立，當地居民還是以英裔為主，所以語言未成為問題。在第二次世界大戰結束前，以英裔為主的歐洲移民多數住在大城市，與當地土著少有溝通，澳大利亞總人口也達到七百萬人。

隨著戰後經濟的起飛，移民潮繼續擴大。一九五六年墨爾本奧林匹克運動會，澳洲的經濟發展更受到舉世矚目。七〇年代由於越戰影響及東亞國家經濟的耀眼表現，由東南亞及其他非英語國家的移民也陸續湧向澳洲，所以目前在澳大利亞多元社會中，義大利語、希臘語、華語、阿拉伯語、廣東話與越南語也相當流行。澳洲人口至二〇〇一年已達一千九百五十七萬三千二百二十

九人，包括相當數目的亞洲國家後裔。

雖然澳洲政府一直遵循「單用英語」（English only）的語言政策，但是一九八七年澳洲發表的《國家語言政策白皮書》公開承諾：(1)每個澳洲人均有權利流利地掌握英語；(2)每個澳洲人應學一種非英語的族群語言；(3)每個澳洲人都有權利保有其個人出身的第一語言。

紐西蘭也是多族群國家，67%為歐洲人後裔，稱為 Pakeha，15%為當地原住民毛利族（Maori）人，另有亞洲移民約占 10%，其他為來自南美或南太平洋的移民，全國總人口約四百五十萬人（二〇一四年估計），歐裔人口中大多數為英國人的後代，所以英語為最通用的溝通語言；但是近二、三十年來亞裔移民到紐西蘭的人數也在遽增，他們也習用英語為溝通的媒介。一九七〇與一九八〇年代，毛利族的知識菁英遷居城市創業及從政，使種族融合出現突顯的新局面。目前紐西蘭政府採行一種多文化認同（a multicultural national identity）的政策。在語言政策方面，一九八七年的《毛利語言法案》將毛利語併同英語，列為官方語言。宣示任何人都有權利在法律程序中以毛利語發言，同時成立毛利語委員會，負責執行與監督毛利語的推行。

五、新加坡與香港的情形

新加坡也是多族群組成的國家，雖然只是一個大都市，常年居住人口約五百三十萬人（二〇一二年的調查，但二〇〇〇年人口普查總人口為四百零一萬八千人，可見新加坡人口在近十餘年

有大量增加），新加坡人包括三個主要族群。據上述人口普查顯示，華裔人口（多數為閩南人）占76.8%，馬來裔人口占13.8%，印度裔人口占7.9%，其他占1.4%（洪鎌德，2002）。

　　在語言方面，英語、華語、馬來語（Malay）、坦米爾語（Tamil）均為官方語言。不過在非正式場合，方言在新加坡仍相當流行，使用較多的為閩南話、潮州話、廣東話、海南話、客家話、爪哇話、玻里尼西亞話（Polynesian）等。據調查，華裔族群五歲以上人口在家中使用的口語分別為華語：45.1%，中國方言：30.7%，英語23.9%，其他0.4%（洪鎌德，2002：554）。新加坡政府提倡雙語教育，並不鼓勵使用方言。李光耀前總理就曾呼籲華語家庭放棄方言，認為讓學童同時學習三種語文（指英語、華語及方言）負擔太重，反而不易學好。雖然在新加坡，四種官方語言在法律上平等，但是英語一枝獨秀，坦米爾語在印度族群中的使用並不普遍，印度人也只是在重要場合才使用；馬來語也有類似的情形。

　　香港的語言問題特別複雜，雖然中國曾於一八四二年將香港割讓給英國後，差不多百年時間而在官文書方面長期使用英語，但是華語的使用快速上升，一方面因為母語為廣東話的人口占88.7%，能講廣東話的人口多達95.8%（一九九一年的調查）。相形之下，以英語為母語的人口只有2.2%，能講英語的人口亦只有31.6%（Penningtion, 1998: 56-57）；另一方面，由於一九九七年中國收回香港主權後，華語隨著其重要性逐漸推廣，香港政府推動「兩文（中文與英文）三語（廣東話、普通話、英語）」的政策。不過，在書寫文字上英文仍居於優勢，一直維持正式語言的

地位；在口語溝通上，廣東話依然最為普遍，其次才是英語（約有35%人口同時使用）；相形之下，閩南話、潮州話、上海話等則有顯著式微的趨勢。

第二節 ▶▷語言政策的多元模式

一、比利時的區域分割與社群自主

長期受到法蘭德民族運動與族群衝突的困擾，比利時對於境內荷語與法語這兩大社群，逐漸透過修憲過程發展出目前區域切割與主權分治的體制，以求平息族群對立，長治久安。早在一九六八年享譽歐洲的比利時盧汶天主教大學就被分割為二：荷語盧汶天主教大學（Katholieke Universität Leuven）留在原校區，而法語盧汶天主教大學（L'Université Catholique de Louvain）則遷離原校址，另闢建新校區。後者簡稱UCL，一般稱為新盧汶（Louvain-la-Neuve），而前者簡稱 KUL。據說該校很多珍藏善本書籍都被平分成兩部分，且有不少典籍被兩校區分擁上卷及下卷的情形。一九六九年布魯塞爾自由大學亦正式分設荷語校區及法語校區，可見即使在高等教育也互不相讓，要求平等對待，甚至財產平分。

一九七〇年的修憲，比利時創用「文化社群」（或譯文化體）與「地區」的概念，包括荷語、法語及德語三個文化社群，各社群被賦予的權限包括立法權、文化事務、教育及語言使用的決定

權。至於地區，除了法蘭德地區及瓦隆尼地區外，另在首都布魯塞爾特設擁有自身權益的布魯塞爾地區，各區掌握文化事務權，包括旅遊業、藝術、圖書館、廣播電視、博物館等有關語文使用的決定。

一九八〇年比利時憲法再度修正，將原來所稱的「文化社群」一詞的「文化」字眼刪除，因為「文化自主」的觀念已融入「社群自主」的概念中，成為社群自治權的一部分。各社群依憲法修正案將分設政府及議會，亦即在原有中央政府（國家政府）、法蘭德地區政府及瓦隆尼地區政府外，另有法語社群政府及德語社群政府。議會除國會外，又有法蘭德議會、法語社群議會、瓦隆尼社區議會、德語社群議會，體制頗為繁複。

一九八八年開始的第三階段修憲，又將政府預算進一步分割，超過40%的政府預算將轉移到地區，社群權力亦擴大而包括高等學府在內的教育體系、廣播電視、社會扶助等層面。至於地區則獲得監控能源、警政、社會保險、金融管理等政策的權責。布魯塞爾地區亦定位為「首都布魯塞爾特區」（Brussels-Capital Region）。

目前比利時已成為一種非常獨特的聯邦制國家，由法語區、荷語區、德語區及布魯塞爾特區組成，各有其行政系統，分別有教育部或教育行政主管，也分別有文化部首長。

二、美國的多元社會與雙語教育政策

美國雖然是英語國家，但迄一九九六年，英語並未被聯邦政

府明訂為官方語言，對外來移民的族群語言一向持有相當開明與接納的態度。但是個別地區零星的語文整合問題，仍然存在。例如美國加州於一八四九年曾承認西班牙語得併同英語在中小學使用，但是到了一八七八年又改變路線，強調英語獨尊的單用英語政策。二十世紀初期語文問題並不明顯，但是第一次世界大戰時，由於對德裔移民的敵視，各州對單用英語政策多持有相當強烈的要求，凡是未能配合的公立學校，在預算上會受到杯葛，這種情形在二次世界大戰期間一樣存在。所以到一九七一年時，美國仍然有三十五州執行單用英語政策。

不過戰後美國在世界經濟的超強權地位，外來移民大量湧入，到一九六〇年代中期，外來移民子弟的補償教育必要性漸受到普遍重視，雙語教育的呼籲處處可聞。所以一九六八年元月，詹森（Johnson）總統簽署《雙語教育法案》（Bilingual Education Act），由聯邦政府撥款協助各地方推動。此法案的本質並非允許兩種教學語文同時存在，而係一種「語言轉換」（language shift）策略，或稱「英語化」（Anglification）策略，在小學前幾年允許族群母語（主要是西班牙語）為第一語言，英語同時加入，成為過渡階段的第二語言（English as a second language），培養專門以教授英語為第二語言的師資來輔助；經過相當時期的適應階段後，英語再升為第一語言或主要語言。在此同時，為利多元文化社會的實現，亦鼓勵英語為母語的學生學習一種其他族群語言，以發展雙語文的能力。

自一九八〇年代開始，各州議會總有議員提案明訂英語為該州官方語言。到世紀之交（二〇〇〇年），美國有二十州明訂英

語為官方語言，包括加州（一九八六年）、佛羅里達州（一九八八年）等。雖然一九九八年亞歷桑那州的最高法院判定《官方語言法》違憲，但是一九九六年美國國會透過《英語賦權法案》（English Language Empowerment Act of 1996），首次明訂聯邦政府的公文書均只能單用英文表達。雖未採用 “official language” 一詞，但意涵亦相去不遠。

三、法國的法語推廣運動

雖然自十八世紀開始，法語逐漸成為歐洲宮廷及外交界的通用語言，法語從啟蒙時代以後在歐洲學術界也慢慢替代拉丁文的傳統地位，而且近兩、三百年來法語在法國境內的獨尊地位也未受到挑戰，語言問題在法國近代史上可以說並不突顯；但是法國本土約有七、八百萬外籍人口，而且由於歷史背景，存在至少七種相當人口的地方語言，包括奧克語（l'Occitant，分布在法國中南部）、阿爾薩斯語（l'Alsacien，在東部邊境）、加泰隆語（le Catalan，分布在地中海邊緣地區）、科西嘉語（le Corse，在靠近義大利的地中海上的科西嘉島）、布列塔尼亞語（le Breton，在西部）、佛拉孟語（le Flamand 即荷語，靠近比利時的北部）、巴斯克語（le Basque，靠近西班牙臨大西洋的地區）。其中奧克語及阿爾薩斯語兩種方言人數最多，各擁有接近兩百萬的使用人口；加泰隆語、科西嘉語及布列塔尼亞語都分別有十餘萬使用人口，至於巴斯克語、佛拉孟語則只有數萬人。事實上，以上七種方言雖然在非正式社交場合或家庭中仍被使用，卻是與法語配合

使用，說方言者均能熟悉運用法語，與部分外籍或移民人口的情形不完全一樣。

　　法國政府的語言政策，一向側重在國際上推廣法語的通用語言地位，將英語視為競爭對手，在國內反而未見有敲鑼打鼓的明顯動作。在地方語言的保護上，法國的初中課程一直列有方言的選修科目，而在小學階段則偏向提早學習第一外語（通常為英語，亦有地區以德語或西班牙語為第一外語）。不過法國在一九九二年憲法條文中，增列有法語為法國國語的字句，同時在一九九四年通過「關於法語使用法」的法律（稱為《杜蒙法案》，la loi Toubon），規定在法國境內一些公開場合禁止使用外語；同時強化一九七五年龐畢度總統時代所訂《巴羅列奧法案》（la loi Bas-Lauriol）的要求，強制法國境內工商業產品的標示必須使用法文。

　　法國在推廣法語的政策施為上，確實是百餘年來努力不輟。早在一八八三年，法國政府就支持設立國際性的法語推廣聯盟（亦稱法國文化協會，l'Alliance Française），目前世界一百三十六個國家的大城市中（包括台北市與高雄市）設有一千零九十八所法語教學中心，學生總數高達十七萬人，這些中心約有四分之一經常接受法國外交部透過法語推廣聯盟巴黎總部的經費支助（Lombard, 2003:182）。法國政府駐外文化單位約聘僱有六千人員從事文化外交工作，部分附置於各地大使館文化參事處，亦有係另設半自主性（惟接受法國政府補助）的文化機構，後類機構有二百七十所，於一九九〇年隸屬於海外法語教學總署（L'Agence pour l'Enseignement Français à l'Etranger，簡稱 AEFE）。AEFE 於二〇〇三年曾接受法國政府三億歐元的補助。由此可見，法國海外許

多文教機構儘管任務與設立目標不一，但是推廣法語幾乎是共同的職責。法國政府亦為世界各國任教法語的專業教師催生一個「國際法語教師聯合會」（La Féderation Internationale des Professeurs de Français，簡稱 FIPF），除了發行期刊外，每年舉辦年會，邀請教師代表到法國參加研討會。此外，法國於一九八四年成立法國電視第五台（TV5），其法語節目網絡遍及全球，世界各地均可收視法語文化節目。

法國於一九八六年結合其前殖民時期屬國及法語通行的國家成立法語國家聯盟，首屆法語國家元首高峰會議亦同時召開，目前將近五十國經常參與法語國家聯盟組織的活動，法國政府內閣中亦置有部會級的首長（稱為 Ministre délégué de la Francophonie）專職推動法語國際的文教活動。為了維護法語國家的國際地位，法國帶頭領導的國際民間組織亦有不少，如 Défense de la Langue Française（DLF）、Avenir de la Langue Française（ALF）等等。

四、歐洲聯盟的語言政策

歐洲聯盟的語言政策主要包括三部分：其一為歐盟總部各單位公文書使用的語言及所主辦各類會議與歐洲議會使用的官方語言課題；另一為歐盟為推動歐洲的整合涉及的語言教育方案（特別是 Lingua 方案的實施）；第三部分則為如何扶持或拯救瀕於消失的弱勢族群語言問題，下面分別說明。

歐洲共同體在一九五〇年代初創時，因六個創始會員國中的法國、比利時與盧森堡，均以法文為官方語言或官方語言之一，

所以法語自然而然成為各種會議的正式語言。到了一九五八年，歐體在條約中明確宣示，歐洲共同體人民除有權使用母語外，其所屬機構也必須以會員國民眾使用的母語與其溝通；一般公文書也必須使用所有會員國的官方語文或予譯出。這種要求使得歐盟的「聯合翻譯暨會議處」（Joint Interpreting and Conference Service，簡稱JICS）的作業負擔隨著歐盟會員國的增加而日趨沉重。截至二〇〇四年五月一日由十五會員國增加為二十五會員國之前，歐盟就聘僱一千三百名專業翻譯人員來處理十一種語文翻譯的作業，每年翻譯事務的預算就高達二億九千七百萬歐元。如今二十八會員國的歐盟已開始使用二十四種官方語言，無論翻譯人員的編制、作業負荷及經費預算均大量膨脹。所以，不少國家（特別是大國）策動及遊說各會員國出席代表盡量使用法、德、英語三種會議常用的語言溝通，以維持歐盟機構的運作效率。

Lingua 方案係歐盟部長理事會為加強各國外語教學所推動的交流計畫，自一九九〇年開始實施。該項外語教學方案於一九九五年納入蘇格拉底教育交流整合計畫（Socrates program）及達文西職業訓練交流計畫（Leonardo da Vinci program）。Lingua 方案一方面在促使會員國公民體認歐盟豐富的語言資產，鼓勵終身學習外語；另一方面在透過經費補助，支持學生與外語教師的交換計畫，改善教材與學校的外語教學設施。其中最主要而效果彰顯的是，外語教師到所任教語言相關國家進修語言教學的在職訓練計畫，由歐盟補助受訓期間的生活費及來回旅費。

此外，歐盟地區約有四千萬公民使用四、五十種地方和少數語言（regional and minority languages），這些弱勢族群傳統以來

使用的語言雖然代表歐洲多姿多彩的文化特色，卻正面臨即將消失的危機。少數語言不但是一種珍貴的歷史傳統與文化資產，也是使用它的族群民族認同的基礎。歐洲理事會曾於一九九二年制定《歐洲地區或少數語言憲章》（European Charter for Regional or Minority Languages），強調尊重語言多樣化的重要性。所以，歐盟大力支持一九八二年成立的非政府組織（Non-Government Organization，簡稱 NGO）「歐洲少數使用語言局」（European Bureau for Lesser Used Languages，簡稱 EBLUL）的許多維護少數語言計畫，並支持各國舉辦有關少數語言議題的研討會，獎助用少數語文創作、媒體宣導、培育師資、開發媒體出版品等等。歐盟帶頭推動維護少數族群語言與文化的行動，無形中在語言政策上帶給各會員國重大的引導作用。

第三節 ▶▷ 台灣地區語言政策的轉型

　　台灣在第二次世界大戰結束前，曾因清末滿清政府的《馬關條約》割讓給日本，在日本殖民教育統治下經歷半世紀。由於日據時期各級學校推行日語獨尊的政策，所以光復後國民政府對台灣地區的教育政策，以推動國語運動為中小學教育重要任務之一；在新聞傳播政策上，對日語日文亦嚴密管制，期能扭轉光復後曾受日語教育的成年與中年人士的語文溝通習慣，以貫徹全民國語化運動。

　　從語言分布的角度言，在台灣地區約二千三百萬的人口中，

以閩南話（或稱河洛話）為母語的人數最多，約占 73%；在一九六〇年政府遷台前，客家人口原為第二大方言族群；目前以客家語為母語者，亦達人口比例的 12%。由大陸隨政府播遷來台定居的 13% 人口中，雖然籠統說是以北京話為基礎的國語為母語，然而實際上卻包括多種方言的使用，例如上海話、福州話、廣東話、潮州話等等，當然也包括以「少數使用語言」為母語的非漢語族群，如蒙、藏、苗等族來台人口。在台灣尚有占總人口 1.7% 的南島語系原住民，除了早期的平埔族已消失外，目前尚有阿美、泰雅、排灣、布農、魯凱、鄒、賽夏、卑南、雅美等族，分別有其族群語言；雖然使用人數極其有限，且缺乏形式化的書寫文字，但是保護這些瀕於消失的「少數使用語言」，實為當前語言政策一項不可卸責的優先目標。

這些年來，由於政治意識的激盪、政黨輪替後的紛爭、「去中國化」的陰影籠罩，使得國內的語文問題時常成為政壇論爭的焦點。實際上，台灣地區六十年來推動標準國語，績效彰顯，差不多 90% 的老百姓皆能聽懂國語，戰後受國民教育的不同年齡民眾皆能講一口相當標準的國語，在當前中國語文被看好將成為世界強勢語言之一時機，國人無理由違背「全球中文熱」而自甘邊緣化，放棄國語為官方語言的既有立場。何況在台灣地區，現流行的閩南話、客家話或其他漢族方言，皆屬華語文系統的地方語言，在書寫文字上大部分是一致的。在北京話為基礎的國語定為公文書使用的正式語言的同時，閩南語、客家話與實際尚在流通的部分原住民語言，應該定位為溝通語言（communication languages）。極少數偏激論調主張台灣語文羅馬拼音化（Taiwanese

Romanization），不但為目前政策所不容，也是違反時勢與摒棄整個文化傳統與語言資產的偏激論調。

多年前若干學界人士在行政院客家委員會支持下，推動《國家語言文字平等法》的立法，希望將「國語、河洛語、客家語、原住民語」皆平列定為「國家語言」。事實上，「語言人權」與「族群母語為官方語言」是不相同的兩回事。在強調文化公民權的今日，台灣地區任何族群的語言應享有「教學權」、「使用權」、「傳播權」，此等權利當為憲法所保障，由立法予以加強，使理念更為落實，這些係當前語言政策的一部分。但是，一個國家如正式法律制定多種族群語言同為官方語言，而不考慮各語言的使用人口，將是不切實際，且可能陷入類似歐盟今日面對的窘況。不僅造成財政的重大包袱，且形成行政效率的嚴重障礙，在學校教學上亦將困難重重，無法面面俱到。

從語言教育的觀點論，雙語教育在台灣能否有效施行，一直是見仁見智的。以國民教育階段來說，一個心智成長中的學生同時要學好國語、英語及一種母語，似乎是過重的負擔，而且很難兼顧學好。所以，鄉土語言教學的設計及學習時程，必須有周詳的規劃。一九九三年公布的國民小學課程標準，「鄉土教學活動」一科首次導入學校課程，當時的設計係列入小學中年級。目前九年一貫課程則將鄉土語言教學移至國小低年級，提前教學鄉土語言是否妥適，見仁見智。法國將方言教學列為國中階段的選修科目，自有其特別道理，是否能參考？猶待學術的檢驗及廣泛的討論。

無論如何，從學校課程與傳統媒體所使用語言的政策看，台

灣光復後初期延續至解嚴前的「獨尊國語」政策，似有相當幅度的改變；國內的語言政策正在轉型，何去何從？由於政策導向與當前政局紛爭糾結，一時尚難釐清其輪廓。不過，國外語言政策形成的歷史過程及經驗確是值得吾人借鏡與省思。

第七章

文化創意產業的新貌

文化產業（cultural industries）一詞在二十世紀最後二十年間成為熱門的概念，聯合國教科文組織在一九七九、一九八〇年曾舉辦研討會大力宣導這個理念。其實這個名詞早在一九四七年就已出現，當時法蘭克福批判派學者阿多諾（Theodor Adorno）與霍克海默（Max Horkheimer）在其所合著《啟蒙的辯證法》（*Dialektik der Aufklarung*）書中一章，以此概念來批判文化的產品化與商業化。因為在德國黑格爾傳統哲學思維中，以藝術為核心的文化具有引領社會走上理想境界的作用；但是文化產物一旦經過工業生產的大量複製而商品化及同質化後，就漸失去文化應有的功能。後來，文化產業這個名詞在一九六〇年代及七〇年代被法國社會學者移用於目前這個意義，且將「工業」擴大意涵到產業並

以複數 "industries" 表示，才漸受到學界的認同。不過，要認清此一概念在文化政策上的重要性，宜從文化經濟學的角度開始探討。

第一節 ▶▷ 從文化經濟學談文化產業

一、文化產業為文化資產的投資形式

文化產業是一種內容產業（content industry），以文本（texts）為基礎，而在表現方式上具有藝術創作的多姿多彩性、新穎性與美觀性，所以有較高的市場價值；但是這種附加值係寄附在其創意的表達形式上。雖然經過一般工業生產的複製過程，透過大量生產（mass production）以增加利潤，減少成本，具有一般產業經營的行銷模式；但是文化產業的成品，無論其為圖書、電影、錄音影碟、工藝品、電玩軟體等等，其原版仍為文本（即使是以影像或旋律存在，也在傳達創作者的意念）；而且是一種創作（creation），具有智慧財產權的保障，不得被他人任意複製或仿造。從文化本身為創造力成果的累積這一個角度論，文化產業的原始創作，本身就是一種文化資產。所以文化產業不同於一般工業社會的其他產業，與藝術創作及文化資產有相當密切的關聯。

文化產業的成品本身應具有市場價值，否則不稱其為產業；然而這些產品雖因量產而存在不少複製品，仍然不失其「美學價

值」（aesthetic value）與象徵價值（或符號價值，symbolic value），所以才受到喜愛，符合時尚品味。文化產業的資本投入，除了一般生產過程所涵蓋的成本（如材料、工資、能源、行銷等）外，無形的文化資本（intangible capital）也必須計入。所謂文化資本，不同於「大自然免費禮物」的自然資本，是經過腦力、智慧的創用才存在的。即使是故宮文物的複製品，一樣會有文化資本，因為這些文物的原型也是一種藝術創作。例如一家出版商要複製故宮的某幅書畫，一樣要付若干版權費用；版權意味藝術品本身的文化資本在生產過程中不容忽略。索羅斯比（David Throsby）的《文化經濟學》甚至指出，文化產業其實跟「著作權產業」（copyright industries）幾乎是同義詞（張維倫等譯，2003：142）。

在本書前面討論文化資產保護時曾經強調，文化資產包括有形的文化資產，也有無形的文化資產。聯合國教科文組織於公元二〇〇三年十月頒布《保護無形文化遺產公約》所指的無形文化遺產，係指已完成且由先人遺留的文化資產，所以稱為「遺產」。事實上，文化資產尚有進行式的，一部拍攝中的電影、一齣排練中的音樂劇、一組設計完成有待生產推廣的名牌茶具、一個準備推出的遊樂園區、一本排印中的著作、一個精心的建築設計，都是廣義的文化資產。日本的「人間國寶」或國內所稱的「民族藝師」，也是文化資產，文藝作家、電影導演、作曲家、舞蹈家、學術大師、時尚服飾設計師、畫家、廣播電視製作人、建築師、多媒體專家……無數專業行家，凡是促使文化創作從意象成為具體存在的成品，都是廣義的資產（assets）；這些人投入的創意和

心力，都是其產品的成本。大部分的文化產業常同時被稱為文化創意產業（cultural and creative industries）也是基於這個認識。

　　雖然文化產業也有小本獨資經營的，但不同於傳統的藝術或文學創作，它既稱為產業，必然具有某種程度的經濟規模，而且透過契約關係結合相當不同的專業人士（例如一部電影包括製作人、導演、演員、攝影師、行銷廣告專業人員等等），以利產品的完成。有時為減輕成本，擴大利潤收益，且有垂直整合（vertical integration）的連結，將生產線涉及的不同行業組合成一個大公司的產業集團；也可能橫向水平整合成為多部門或多媒體的巨無霸產業（如新力集團）。總之，文化產業並不包括一個人從創作→複製→流通→零售（retailing）整個生產程序一貫作業、獨力完成的藝術品生產，而是指符合一般工業生產鏈形式，結合相當數目專業人士與行家，共同完成並分享利潤的公司型生產模式。國內早期（二〇〇三年）由經濟部、教育部、新聞局及文建會共同組成的跨部會文化創意產業推動小組，曾於二〇〇三年為文化創意產業下了一個定義：「源自創意與文化累積，透過智慧財產的形成與運用，具有創造財富與就業機會潛力，並促進整體生活環境提升的行業。」據此定義，該組尚列舉五點特性：(1)就業人數多或參與人數多；(2)產值大或關聯效益高；(3)成長潛力大；(4)原創性高或創新性高；(5)附加價值高。由第一點提及的「人數多」，可以顯示一般所稱文化產業，排除沒有分工合作、未具產業形式的文化商品生產方式。

二、文化產業的特性

文化產業雖然跟工業社會很多產業一樣，需要透過大量生產來減輕成本，依靠大量消費的市場來維持產業的持續發展；同時，也講究產品的規格化、生產程序的標準化及成品的品質管控，以便消費者對文化商品有信賴感。但是文化產業仍然有若干特性，值得加以重視。

(一) 文化產業為初期高投資的風險性商業 (risky business)

誠如赫斯孟達（David Hesmondhalgh）所指出，雖然做任何生意沒有穩賺不賠的，但是投資文化產業的風險性卻特別高，因為它的消費市場最不可預測，隨時因消費者的口味與流行時尚的轉變而致產品銷售不出去。因為文化商品並非生活必需品，而且市場上同類商品多元而且多樣自有很多可供選擇，不合消費者的時下口味，就有滯銷的顧慮，使得血本無歸。赫斯孟達曾以一九九八年的音樂專輯為例：在約三萬張不同流行歌曲專輯中，只有2%的銷售額超過五萬份。美國在一九九〇年代中期每年拍製三百五十片左右的電影新片，票房炙手可熱的新片也不過十個片子（Hesmondhalgh, 2007: 18-20）。單是文化產業在初期要支應創作者相當高的著作權費用不說，製作費用的投資也是龐大無比。例如像《歌劇魅影》、《鐘樓怪人》、《西城故事》、《貓》、《西貢小姐》等音樂劇雖然可以一演超過十年，但是開始階段的排練、服裝、道具、從設計到行銷，無不需要上億美元的投入。

不過一旦市場開拓成功，觀眾來源穩定，維持日常營運的費用就比較有限。同樣的，一張流行歌曲專輯，起初製作原始拷貝，成本奇昂；流行以後，複製同一唱片的單位成本就非常有限。由此可見，文化商品能否有利可圖，決定於產品推出初期市場的反應。這種不可預測性（unpredictability）正是赫斯孟達認為文化產業是高風險商業的緣故。

(二) 文化產業是靠市場的稀有性謀利的半公共財（semi-public goods）

文化產業的行銷基礎在創意，靠市場上的有限性來抬高其身價，其附加價值不在商品本身的材料或實用性，而在消費時所取得的機會或身分。所謂「物以稀為貴」，如果消費者輕易可以取得文化商品，其價格必然相對降低。一般公園的票價不如主題遊樂園區，就是因為後者的限制性；博物館的經常展覽入場券如與特展分開，特展因有特定展期，票價必然也會較昂貴。同樣的，一部電影新作如果推出不久就被盜版複製，而其拷貝在地下商場輕易可以購得，這部電影的市場價值必然大受影響。所以智慧財產權的保障是文化產業健康之所繫；在一個著作權不受尊重的地區，這種「人為的稀有性」（artificial scarcity）無法確保，文化產業就較不易立足，更談不上興隆。

(三) 文化產業是以消費者文化品味與符號消費（symbolic consumption）為基礎的產業

本書前文曾提及法國學者布希亞的觀點，一般商品除了實用

價值（use value）和交換價值（exchange value）外，尚有符號價值（sign value）。很多消費者不惜花大錢購用奢華的名牌服飾或化妝品，主要為消費過程代表身分、品味與文化認同的符號。所以一般產業無不致力自創品牌，經營門面的符號系統，以抬高產品的符號價值。對於文化產業而言，符號消費現象更是突顯。此所以影視產業傾全力於塑造超級巨星，透過明星的光環來照亮產品的知名度。但是，文化品牌較不同於一般商業品牌的是，文化商品的藝術性特別濃厚，而消費者的品味非單靠行銷可以打造；所以，文化產業的開展依賴消費市場在藝術品味方面的積累與成熟，非單靠強勢的媒體行銷可以在短期內勝事。文化產業的成品有時因消費市場的文化品味條件不夠成熟，存在「曲高和寡」的現象；也可能符號消費的風氣不夠強烈，寧可購唱片或影碟在家觀賞，而不甘付高價購票到音樂會或劇院現場觀賞名家演出。一個社會的民眾傾向以文化消費來彰顯個人的身分認同，必定是該一社會普遍的藝術素養達到一定的水準，且生活資源充足而無基本衣食匱乏之憂。所以，大眾藝術教育的陶冶是助成文化產業發展的條件。

三、文化產業的範疇

文化產業的範圍相當廣闊，各國在分類上亦不盡一致，茲舉若干國家所列的類別略加比較。

(一) 英國的文化創意產業

英國政府很早就成立創意產業規劃發展小組（creative industries task force），由政府相關部會主管與民間業者代表組成。英國政府所採認的定義是「創意產業起源於個人的創造力、技能和才華，透過產生與開發為智慧財產權後，具有開創財富和就業機會的潛力」（行政院文化建設委員會編，2004：126）。其範圍包括：(1)廣告；(2)建築；(3)藝術及古董市場；(4)工藝；(5)設計；(6)時尚；(7)電影及影碟工業；(8)休閒軟體（電玩及遊樂器）；(9)音樂（包括現場表演與錄音產品）；(10)表演藝術（特別是戲劇、舞蹈等）；(11)出版（報紙、期刊雜誌、圖書、數位內容出版品）；(12)軟體及電腦服務（software and computer services，如系統軟體、公共建設設計等等）；(13)電視與廣播電台（張淑君，2004）。

(二) 丹麥的文化產業

丹麥統計局（Statistics Denmark）的報告顯示，一九九八年丹麥的文化產業約有一萬四千家，營業額約達七百五十億克朗，折合新台幣約三千九百億元，在文化產業中專職服務的員工接近六萬人，其產品占丹麥出口總值達 4%。該報告所提文化產業涵蓋九個領域：(1)音樂（包括音樂錄音產品與樂器製造）；(2)劇院；(3)圖書出版；(4)視覺藝術；(5)電影（包括影帶）；(6)平面媒體（圖書、報紙、期刊）；(7)廣播電視；(8)建築與設計；(9)玩具、主題樂園。在上述九類中較特別的是將遊樂園區包括在內（李璞

良、林怡君譯，2003）。

(三) 南韓的文化內容產業

韓國將文化創意產業稱為文化內容產業（cultural content in-
dustries）。根據《大韓民國文化藝術振興法》（2008）及《文化
產業振興基本法》（2009）的界定，文化內容產業係跟文化商品
的計畫、開發、製作、生產、流通、消費等相關之產業。其範圍
包括電影產業、動畫產業、廣播電視業、出版業、漫畫產業、音
樂產業、遊戲產業、廣告業、個性化商品產業及學習與娛樂產業
等。

(四) 台灣文化創意產業的範疇

國內由經濟部、教育部、新聞局及文建會曾組成一跨部會「文
化創意產業推動小組」，其所界定的範疇共包括十三項產業。文
化部成立後，曾於二〇一四年三月公布「文化創意產業內容及範
圍」列舉十五項產業；包括視覺藝術產業、音樂及表演藝術產業、
文化資產應用及展演設施產業、工藝產業、電影產業、廣播電視
產業、出版產業、廣告產業、產品設計產業、視覺傳達設計產業、
設計品牌時尚產業、建築設計產業、數位內容產業、創意生活產
業、流行音樂及文化內容產業等（如表二），洋洋大觀，可惜部
分概念範疇不免有重疊之處。至少由所列舉廣闊的範圍，可見文
化產業在今後十年內有不少待開墾及整合（藝術、新科技、產業）
的空間。特別是文創產業的目的事業主管機關文化部、經濟部與
內政部在將來必須加強業務協調與合作，不僅應參照《文化創意

產業發展法》立法旨意，擴大有關產業稅賦優惠及新產業獎助措施，而且及早成立規劃中的財團法人文化創意產業發展研究院以扮演協調、整合及引進新知的角色。

表二　台灣文化創意產業之範疇及主管機關

項次	產業類別	主管機關	產業概括說明
1	視覺藝術產業	文化部	凡從事繪畫、雕塑及其他藝術品的創作、藝術品的拍賣零售、畫廊、藝術品展覽、藝術經紀代理、藝術品的公證鑑價、藝術品修復等之行業均屬之。
2	音樂及表演藝術產業	文化部	凡從事戲劇（劇本創作、戲劇訓練、表演等）、音樂劇及歌劇（樂曲創作、演奏訓練、表演等）、音樂的現場表演及作詞作曲、表演服裝設計與製作、表演造型設計、表演舞台燈光設計、表演場地（大型劇院、小型劇院、音樂廳、露天舞台等）、表演設施經營管理（劇院、音樂廳、露天廣場等）、表演藝術經紀代理、表演藝術硬體服務（道具製作與管理、舞台搭設、燈光設備、音響工程等）、藝術節經營等之行業均屬之。
3	文化資產應用及展演設施產業	文化部	凡從事文化資產利用、展演設施（如劇院、音樂廳、露天廣場、美術館、博物館、藝術村、演藝廳等）經營管理之行業均屬之。
4	工藝產業	文化部	凡從事工藝創作、工藝設計、模具製作、材料製作、工藝品生產、工藝品展售流通、工藝品鑑定等之行業均屬之。

表二　台灣文化創意產業之範疇及主管機關（續）

項次	產業類別	主管機關	產業概括說明
5	電影產業	文化部	凡從事電影片製作、發行、映演及電影周邊產製服務等之行業均屬之。
6	廣播電視產業	文化部	凡從事無線、有線、衛星或其他廣播電視平台，從事節目播送、製作、發行之行業均屬之。
7	出版產業	文化部	凡從事新聞、雜誌（期刊）、圖書等紙本或以數位方式創作、企劃編輯、發行流通等具有著作權商品發行之行業均屬之。
8	廣告產業	經濟部	凡從事各種媒體宣傳物之設計、繪製、攝影、模型、製作及裝置等行業均屬之。獨立經營分送廣告、招攬廣告、廣告設計等行業亦歸入本類。
9	產品設計產業	經濟部	凡從事產品設計調查、設計企劃、產品外觀設計、機構設計、人機介面設計、原型與模型的製作、包裝設計、設計諮詢顧問等之行業均屬之。
10	視覺傳達設計產業	經濟部	指從事企業識別系統設計（CLS）、品牌形象設計、平面視覺設計、網頁多媒體設計、商業包裝設計等行業。
11	設計品牌時尚產業	經濟部	凡從事以設計師為品牌或由其協助成立品牌之設計、顧問、製造與流通等行業均屬之。
12	建築設計產業	內政部	凡從事建築物設計、室內裝修設計、展場設計、商場設計、指標設計、庭園設計、景觀設計、地景設計之行業均屬之。

表二　台灣文化創意產業之範疇及主管機關（續）

項次	產業類別	主管機關	產業概括說明
13	數位內容產業	經濟部	指從事提供將圖像、文字、影像或語言等資料，運用資訊科技加以數位化，並整合運用之技術、產品或服務之行業。
14	創意生活產業	經濟部	凡從事以創意整合生活產業之核心知識，提供具有深度體驗及高質美感之行業，如飲食文化體驗、生活教育體驗、自然生態體驗、流行時尚體驗、特定文物體驗、工藝文化體驗等行業均屬之。
15	流行音樂及文化內容產業	文化部	指從事具有大眾普遍接受特色之音樂及文化之創作、出版、發行、展演、經紀及其周邊產製技術服務等之行業。

　　總之，文化創意產業雖然在法律上皆有界定，但始終被認定是一種新經濟的模式，透過個人或集體的藝術創意，在大量生產的企業形式下，創造利潤。這種產業雖然以往就存在，但是因為數位內容生產的突飛猛進，以及版權受到更完整的保障，所以隨著新媒體的日新月異，前途日益看好。

第二節 ▶▷ 國外文化產業的發展趨勢

一、文化產業的經濟規模

　　文化產業是高風險的投資事業，其市場有其不可預測性，所以競爭激烈，不僅要有源源不絕的創意產品（如同時裝業每年推出新款），而且須配合強勢的多媒體廣告，增加產品在市場上的曝光機會。在這種情勢下，文化產業的橫向整合（horizontal integration），互相兼併，擴大市場的範圍，甚至跟相關部門整合，即所謂多部門整合（multisector integration），以提高競爭力，成為該行業的霸主，使小業主投靠麾下，否則無生存空間。這種情形最明顯的是在影視產業方面，例如發展較早的電影業，二十世紀幾乎就是美國好萊塢的天下，全球市場上所看到的美國電影片，要不是派拉蒙（Paramount）、二十世紀福斯（20th Century Fox）、華納（Warner Bros.）、米高梅（Metro-Goldwyn-Mayer）、雷電華（Radio-Keith-Orpheum）諸大製片廠的出品，便是哥倫比亞（Columbia）、聯藝（United Artists）或迪士尼（Disney）等較小電影製片集團的片子。這些製片公司不僅將人才透過優厚契約綁住，包括名導演、大明星、電影作曲家及各類拍攝技術專業人才；而且壟斷市場（包括電影發行網與重要電影院），也跟影評人、影視刊物或報紙電影版編輯有良好公關，其影響力如水銀瀉地，

無孔不入。在這種影業巨霸的宰制下，小型獨立製片人要開闢江山，確是非常辛苦而艱難。即便是以國家力量支持的歐洲影業，在世界貿易組織會議上聲嘶力竭疾呼「文化例外」，企求透過政策保護來培養國際市場上的競爭力，至今困境仍然未減（Regourd, 2002）。

在影音光碟的文化產品方面，也是複合企業集團（conglomeration）的天下。例如日本新力集團，不僅以製造隨身聽、電視、錄影機等叱吒市場；而且也經營軟體產品，擁有超級流行歌星（如麥可・傑克森），並不斷收購相關對手企業以擴大版圖（Hesmondhalgh, 2007: 160-178）。其他如法國的維萬迪（Vivendi）集團、美國的美國線上時代華納（AOL Time Warner）以及德國的貝塔斯曼集團（Bertelsmann）也如出一轍。所以，國內文化產業如欲在全球化市場爭得一席之地，基本條件是擁有相當的經濟規模；至少要加入跨國公司的行銷網，而且要自創品牌，具有文化特色。這雖是冷酷的事實，但非不能克服，稍早的日本、近年的南韓，衝鋒陷陣的能耐令人刮目相看，也給國人很好的借鏡。

二、智慧財產權的擴大保護

一般所稱智慧財產權，事實上包括「著作權」、「商標權」、「專利權」。邇來由於網路科技的普及，駭客問題層出，「營業秘密權」亦受到高度關注。由於文化產業的本質係基於創意的商品化，而文化商品具有可複製性，所以抄襲仿冒成為文化創意產業的頭號殺手。如果一部耗資上億的電影，在剛上市時被複製，

其損失不言而喻；邇來網路上常可輕易下載一些網路音樂軟體，同樣是對原始創作者構成著作權的侵害。至於名牌服飾的仿冒商品在亞洲很多大城市地攤零售，同樣是仿製科技濫用後產生的侵權問題，此種有組織的仿冒成為創意產業的大敵。

　　文化商品的仿冒，原是配合複製科技的進展。最早期名畫家的作品雖然亦有仿畫品，因係人工仿冒，數量不大，流通也不致很廣。到了一九七〇年代錄影機、錄音機普及後，智慧財產權的保障才受到舉世的關注，因為複製與傳送都容易多了。而今由類比進入數位，數位化的儲存與輸送，使有心侵權者更方便為所欲為。網際網路對著作權的衝擊非早期的複製科技可以倫比，目前數位儲存媒介如硬碟、光碟片、DVD等等，不僅容量大，逼真度高，而且複製速度快，成為文化產業空前的威脅。因為著作權的權益本是透過授權利用，誠如卡夫（Richard Caves）的名作《文化創意產業》（仲曉玲、徐子超譯，2003）的副書名「以契約達成藝術與商業的媒合」（*Contracts between Art and Commerce*）。藝術家與其授權的發行公司間的版權契約，如果輕易被仿冒的第三者侵害，創作者的利益（包括專利權）必將蒙受重大損失。雖然社會上要求分享資訊與合理使用的訴求也很強烈，但是著作人的授權契約應受到尊重則無可置疑。為了雙贏，著作權法不斷往更周延、更明確的方向進行修訂，特別是對著述或創作數位化後的可能侵害充分顧及。整體而言，下列數點已成為聚焦的議題：

　　1.網路上資料庫的加強管理與保護；
　　2.線上學習與網路教材重製權與改作權的限制；
　　3.網路音樂利用及其公開播送權的限制；

4.藝術品數位化影像重製權及公開展示權的限制;

5.數位內容交易平台的分級管控（例如不得對未成年人傳送或展示色情、暴力、賭博性遊戲軟體）;

6.加強對線上服務業者在著作權侵害方面的民事責任，以減少未經合法授權網路的侵權行為;

7.考慮對個人利用網路數位化創作收費的可行性;

8.建立數位著作權管理機制及網路傳輸個案授權服務的機制，以保障合理利用網路上的文化資源。

三、文化產業投資的國際化

文化產業雖然具有本土性，卻是當前國際投資的主要企業。誠如米勒（Toby Miller）等在《全球好萊塢》一書中指出，由於跨國性文化產業的蓬勃發展，一種「文化勞動的新國際分工」正在形成;不少好萊塢的影片不僅在不同國家拍攝外景，演員也是多國化，而且由於資金來源來自兩、三個國家，所以影片發行權也由投資人共同享有，以迎合全球化趨勢下，「彈性的經營文化及開放而有創意的資金體系」要求（馮建三譯，2003：44-135）。實際上，基本考慮還是賺錢與市場導向，日本人在擴大文化投資的考慮上強調「三多政策」：多元化的投資主體、多樣化的投資管道及多種化的投資方式，包括直接投資、技術投資、土地投資、股票投資等不同形式（花建編，2003：205）。文化投資通常要評估區位的有利因素，包括文化市場容量、該地區經濟成長趨勢、相關貿易網路與貿易額、智慧財產權的保護機制、金融環境、衍

生產品的開發可能性，以及當地政府對文化產業的優惠政策，經濟效益與利潤回收當然是盤算的主軸。

德國的貝塔斯曼集團橫跨廣播電視業（旗下RTL公司擁有二十四家電視台、十七家廣播電台，並有網路公司，在三十五個國家製作電視節目）、圖書出版業（每年出版八千種新書）、新聞出版業（在十四個國家出版雜誌、報紙）、音響娛樂業（擁有全球性的 BMG 集團）、媒體服務業（如印刷業）等等；該集團在中國大陸投資上海貝塔斯曼公司，其業務範圍包括書刊出版、音響製品、電腦設備、科教儀器、文書用品等等，且設有「上海貝塔斯曼書友會」，四年間會員發展多達一百四十六萬人（花建編，2003：367）。由此可見，文化資本透過投資策略交互滲透，且與當地區本土化市場契合，交互為用，形成全球化文化產業鏈。

四、政府在產業獎勵上的積極角色

文化創意產業的發展需要政府在政策上積極的扶植與獎勵，其中影視產業因其國際競爭的激烈，尤需政府在財務上的支持，否則很難開拓全球性的市場。近年來韓國電影業與遊樂軟體業雄心勃勃企圖進軍國外市場，南韓政府平常就對其國內相關產業在銀行貸款上提供政策性優惠措施，已是公開的秘密。法國政府對本國電影產業，自一九八〇年代就有補助辦法，其資金主要來自電影票的附加稅（稱TSA），約為票價的 11%左右（林崇慧譯，2001：125），電視台製作節目，同樣也接受補助。場景浩大而拍攝費時較久的影片，一樣可向政府申請事前補助金。電影劇本創

作與電影音樂作曲也有補助金的申請辦法，發行困難但品質優良的法國片也可申請廣告費及拷貝費補助。電影院為改善音響及螢幕設施，法國政府也都有補助辦法。

　　整體而言，政府對於文化創意產業的扶植，除了制訂政策、立法保護及成立統籌規劃與協調機制外，最主要的策略是透過銀行貸款予業者優惠貸款，成立類似科學工業園區的文化創意園區，提供業者有利的生產環境。此外，人才培育，特別是藝術設計與多媒體人才的培育，也需要整合高等學府的相關科系，進行重點人才的育成工作。

第三節 ▶▷ 國內發展文化創意產業的策略

一、早期的亞太媒體中心計畫

　　政府對於文化產業的關注，始於一九九五年開始規劃推動的「發展台灣成為亞太媒體中心計畫」，其目標在整合衛星電視及有線電視的區域性傳播事業，並以台灣為製作及供應亞太地區華語電視節目及電影的主要據點，以掌握二十一世紀東亞地區媒體市場。其策略在依循「國際化」與「自由化」的時代趨勢，積極改善媒體經營的環境，解除不必要的管制，推動：(1)電影與電視整合；(2)傳播與電信整合；(3)媒體業與資訊業結合；(4)跨媒體與跨國際結合。

多年來政府執行亞太媒體中心推動計畫，其具體措施包括：

1. 核發有線電視台的設立，落實開放新媒體；
2. 廢止《出版法》，公布《衛星廣播電視法》、修訂《有線廣播電視法》，解除有線電視與電信產業互跨經營的限制，並放寬外資參與經營；
3. 將媒體事業納入《促進產業升級條例》的輔導獎勵範圍，提供租稅減免；
4. 免徵媒體事業專業器材進口關稅；
5. 提供政府相關基金之資金融通輔導體系，並以專案貸款方式，鼓勵籌建高科技媒體園區；
6. 放寬與港、澳、大陸地區媒體事業合作的限制；
7. 辦理影視媒體產業人才培訓計畫；
8. 推動籌建高科技影視媒體園區；
9. 以獎勵措施吸引外國媒體業者來台投資；
10. 輔導獎助電影事業發展（按新聞局原有「國片製作輔導金」辦法）。

相對於南韓與中國大陸在文化創意產業的快速擴展與國際競爭力躍升，國人對台灣多年來推動文創產業的慢動作，有識者不免感到十分焦急。對政府有關部會的期待，除了盡速提出一套有效而涵蓋面較廣的獎勵措施外，亦待立法審議中的文化創意產業研究院能早日成立，扮演早期工業研究院對新竹科學園區的整合輔助功能。在影視媒體方面，國人對公視系統也期待很高，至少希望看到該系統多電台在播出內容上的功能與角色分化，在不久將來出現一個英華雙語電視台及一個以文化藝術資訊為主要內容

的藝文電視台。

二、文化創意產業發展計畫的充實

二〇〇二年政府將文化創意產業列為「挑戰二〇〇八：國家發展重點計畫」中之一項，並指定經濟部、教育部、新聞局及文建會共同組成「文化創意產業推動小組」策劃其事，由經濟部設立專案辦公室，負責幕僚作業及跨部會協調事項。文建會亦隨後成立「創意產業專案中心」，推動輔導與行政協調事務。多年來政府在推展策略上，包括四個重點：

1. 培育藝術創意與設計人才：如延攬國際名家或專門師資來台指導，選送藝術人才出國進修，舉辦相關國際研討會等。
2. 整備創意產業發展的環境：如強化智慧財產權的保護，成立國家級設計中心，規劃設置文化創意園區，增訂文化創意產業優惠融資辦法，協助文化藝術工作者創業。
3. 促進創意設計重點產業發展：目前先選定六項重點，包括商業設計、創意家具設計、創意生活設計、紡織與時尚設計、數位藝術創作、傳統工藝技術。
4. 促進文化產業發展：以下列四項產業為優先，包括創意藝術產業、創意出版產業、創意影音產業、本土漫畫工業。

經濟部所研擬《文化創意產業發展法》已於二〇一〇年八月經立法院三讀通過並經總統府公布實施。有待文化部及經濟部密切合作，快馬加鞭推動。該法重點包括設置文化產業發展基金；

設立文化創意產業政策審議委員會；放寬公有文化財，以供文化創意產業方便利用；放寬公務人員任用資格的限制，以利引進文化創意產業專業人才；建立文化創意產業的鑑價機制，並培育鑑價人才；訂定文化創意事業的上市上櫃審查準則，設置文化創意產業園區；其他尚包括稅賦優惠的事項。

文化創意產業的推動是否順利，由若干指標可以顯示：例如文化產業就業人口是否有較大幅度的增加？又如國民生產毛額中，文化產業的產值比例是否顯著提升？台灣文化產業在亞太地區，或是全球華文世界，是否成為樞紐性的互動平台？國內文化創意產業環境是否能吸引大批外資與專業人才來台投資？當然，最令人關切的是政府近兩三年來大力倡導下所擬定的重點計畫及優惠獎勵措施是否陸續兌現？這些指標都值得有識人士拭目檢視。

韓國近十年來在文化產業的飛躍發展值得國內借鏡。韓國於一九九四年其文化觀光部開始設置「文化產業政策科」，其起步時間與台灣大體相仿。一九九八年韓國就公布《文化產業振興基本法》（國內文建會的《文化創意產業發展法》草案迄二〇〇九年六月尚在立法院審查中）。韓國的「文化產業」界定為文化商品的生產、流通、消費有關的產業，其具體行業門類有：影視、廣播、音像、遊戲、動畫、卡通形象、演出、文物、美術、廣告、出版印刷、創意性設計、傳統工藝品、傳統服裝、傳統食品、多媒體影像軟體、網路以及與其相關的產業。最值得注意的是文化觀光部於二〇〇〇年先後設立「工藝文化產業振興院」及「文化產業支援中心」，後者於翌年擴充為「文化產業振興院」，重點扶助其國內音樂、動畫、漫畫、卡通形象產業的發展，並加強這

些新興產業與原有廣播影像、電影、遊戲產業的協合，推動文化創投的整體開發。「韓國文化內容振興協會」（Korea Culture and Content Association，簡稱 KOCCA）亦於二〇〇一年八月創立，並於洛杉磯、倫敦、北京設立辦事處，針對跨國性集團的合作投資或聯營，投入相當的人力與資金，特別於動畫、漫畫、教育性遊戲產業及流行音樂為然。此外，韓國政府亦成立產業振興基金，建立國家級尖端文化產業基地，設立藝術創作的「原稿庫」。韓國政府為活絡創投資金，並與企業合設「創業投資基金」，推動以智慧財產權為擔保的融資模式。為培育文化創意產業人才，特別為其遊戲產業，於二〇〇〇年成立「遊戲綜合資源中心」，專責培訓網路遊戲人才。提供二年制課程，學費由政府及學生分擔各半，每年供應四百餘位相關人才。韓國政府為支持民族電影（韓流電影）的開拓，每年撥出相當新台幣一億八千萬元經費，重點支持二十部電影的拍攝，諸如此類扶助措施，值得我國刮目相看，此外，韓國政府鼓勵民間創設文化產業專門公司開發、製作並外銷文創成品於國際。特別是開發電腦動畫、3D、DVD 影音產品及線上遊戲與手機個別化商品。為提升我國文創產業的國際競爭力，政府與民間有待攜手合作以加快腳步，迎頭趕上。

第八章

博物館的國際化、
在地化與專業化

　　博物館事業的發展程度與經營模式是一個國家文化水準相當可靠的指標。雖然有些國家也可能借助外國的資源與人才，移植極少數類似古根漢樣式的美術館或是自然博物館到其較為現代化的都市中；這類博物館的存在究竟與其本土社會是脫節的，就像是不少經濟落後的地區仍然點綴著五星級的豪華大酒店一樣。它們完全是為外來觀光客而擺設，對當地多數居民而言，是可望而不可及的裝飾品；除了增加本地勞工的就業機會外，在日常生活上，特別是文化休閒生活上意義不大。衡量一個國家的博物館事業，除了數量與規模外，品質指標也同樣重要。下面就國際化、在地化與專業化三個角度，討論政府的博物館發展政策。

第一節 ▶▷ 博物館事業的國際化

一、博物館的主要類型

　　西文「博物館」一字的來源始自希臘文 "mouseion"，與希臘神話中的繆斯女神（Muses）有關，是九位職司史詩、音樂、愛情、詩歌、辯說術、歷史、戲劇、舞蹈和天文的美麗女神的殿堂（Alexander, 1979: 6）。歷史上記載最早的博物館是公元前二九〇年左右由索特（Ptolemy Soter）所設的埃及亞歷山大城博物館，是一個兼有圖書館、實驗室及學者研究室的建築，比較像是學術研究的場所，與現代意義的博物館略有出入。第一所現代意義的博物館一般公認是創建於一六八三年、座落牛津大學內的艾許莫林博物館（Ashmolean Museum），該館實際上至一七七三年始對外開放，成為公眾博物館（蔡昭儀，2004：68）。但是政府所設的公共博物館，要算法國羅浮宮博物館的前身——法國大革命之後於一七九三年所設的「共和博物館」（le Musée de la République）較早；此博物館一開始就對民眾開放，將社會教育與文化資產保存的雙重意涵帶進這樣一種新機構。美國費城於一七七三年設立的查斯頓博物館（The Charleston Museum）較接近私人收藏的博物館，為自然史標本收藏家皮勒（Charles Wilson Peale）所有，真正的公共博物館應推十九世紀中期的史密斯機構

（Smithsonian Institution），算是國家級的超大型博物館。

國際博物館協會（The International Council of Museum，簡稱ICOM）成立於一九四六年，當年該協會曾替博物館下了一個定義：「博物館包括所有將其藝術的、工藝的、科學的、歷史的、人類學的典藏品公開給大眾的機構；包括動物園及植物園，但圖書館除外，除非其保有永久的展示空間。」（蔡昭儀，2004：68）國際博物館協會對博物館的定義後來也做了多次小修正。一九七三年的定義是「博物館是一個不追求營利，為社會及其發展而服務，向大眾開放的永久機構，為研究、教育與欣賞之目的，對人類之活動及人類之見證物從事收藏、維護、研究、傳播與展覽」（漢寶德，2000：41）。儘管博物館專家或專業團體對博物館所下定義不見得一致，但是博物館的功能主要包括四種：即「收藏」（兼維護）、「展示」、「研究」、「教育」，幾乎是普遍的共識。

根據以上對博物館性質與功能的基本認識，下面試將多姿多彩的博物館加以分類：

(一) 超級巨星型的博物館

這類博物館不僅以規模與典藏品的豐富領先一般博物館，而且其收藏類別也較多元性，除美術品外，通常包括考古文物、礦物寶石、錢幣、裝飾品等，算是較綜合性的博物館。弗萊（Bruno S. Frey）在一篇〈超級巨星博物館〉（Superstar Museums）的文章中，歸納出這類博物館的五點共同特質：(1)極受青睞的特殊觀光景點，且在同類型博物館中享有特別崇高的國際聲譽；(2)擁有

龐大的觀眾群;(3)典藏品為一般藝術愛好者熟悉的知名藝術家作品及其他高價值的藝術品;(4)博物館建築本身相當獨特或具歷史價值;(5)其營運對當地區經濟具有影響（Frey, 1998）。符合這類超級巨星博物館類型的博物館在博物館界相當有共識，例如英國倫敦的大英博物館（The British Museum, 1753），其收藏涵蓋埃及、古羅馬時期、亞述文化、中世紀歐洲、印度、古代中國及封建時代日本的文物，除繪畫、考古發掘物、青銅器外，錢幣、寶石裝飾物、手稿、民俗珍品等等收藏品，真是包羅萬象，價值無以論計。例如該館的敦煌文物，包括壁畫及經卷抄本，堪稱舉世珍藏。又如法國巴黎的羅浮宮博物館（Le Musée du Louvre, 1793）、設於美國紐約市的大都會博物館（The Metropolitan Museum of Art, 1870）、俄羅斯聖彼得堡的冬宮博物館（The State Hermitage Museum, 1852）及國內設於台北郊區外雙溪的故宮博物院，都屬於世界博物館界的超級明星。

(二) 美術博物館

博物館中以美術品為主要收藏者稱為 art museum，從其典藏規模言，館際之間相差至為懸殊;論其特色，也是多姿多彩，各有千秋。美術館中有四個次類值得重視:第一類是國家畫廊（national gallery），包括美國華府的國家畫廊（National Gallery of Art, Washington, 1937）、英國倫敦的國家畫廊（The National Gallery, 1824）;有些國家雖不以國家畫廊稱呼，但具有特殊地位且其典藏實質上亦等同於國家畫廊者，如西班牙馬德里的普拉多美術館（Museo del Prado, 1819，該館正式名稱為皇家普拉多繪畫美術

館）、法國巴黎的奧塞美術館（Le Musée d'Orsay, 1978）。第二類是以收藏一位特定藝術家的作品而成名的美術館，如巴黎的羅丹美術館（Le Musée Rodin, 1919）、畢卡索美術館（Le Musée Picasso, 1983）；又如荷蘭阿姆斯特丹的梵谷美術館（Rijkmuseum Vincent Van Gogh, 1973）等等。第三類係以收藏當代美術作品豐富而聞名於世，如美國洛杉磯的蓋帝藝術中心（The Getty Center, 1997）、紐約的古根漢美術館（The Solomon R. Guggenheim Museum, 1959）、法國巴黎龐畢度中心內的國立近代美術館（Le Musée National d'Art Moderne, 1977）及巴黎市立美術館（Le Musée d'Art Moderne de la Ville de Paris, 1961）。第四類以收藏中國書畫陶瓷珍品而聞名於世，如倫敦的維多利亞皇家博物館（Victoria and Albert Museum，一八九九年改今名）、法國的奇美亞洲藝術博物館（Le Musée Guimet, 1889）、美國華府史密森機構屬下的弗利爾美術館（The Freer Gallery of Art, 1923）。

(三) 自然史博物館

自然史博物館（natural history museum）係以收藏自然界動植物標本、化石，尤其是史前大哺乳類動物，像是劍龍之類化石，以及特殊族群的民俗歷史材料為主的博物館。例如美國華盛頓的國立自然史博物館（National Museum of Natural History—Smithsonian Institution, 1869）不但展示恐龍化石、長毛象化石，也有美國印地安人民生活實況的展覽設計。又如巴黎的國立自然史博物館（Le Musée National d'Histoire Naturelle, 1793）亦包括考古人類學的範圍。又如巴黎的人類博物館（Le Musée de l'Homme, 1937），

就是以人類在不同階段的生活方式與考古材料為題材。所以，像北京周口店遺址博物館以展示一九二九年十二月在該處發現北京人頭蓋骨化石及一九三三年發現的山頂洞人化石為主題，亦可視為一種自然史博物館。國內在台中市的自然科學博物館（一九八六年開放），分為科學中心、生命科學、地球環境、人類文化等四個展示廳，亦屬自然史博物館的範圍。

(四) 科學工藝博物館

科學工藝博物館的英文通常稱為museums of industry and technology（Hein, 2000: 28-30），以展示人類科學發明、工業發展及科技創新的成果為展覽主題。早在一七九四年，法國大革命後的革命政府在巴黎成立的國家工藝學院（Le Conservatoire National des Arts et Metiers），就是科學工藝博物館的雛型。上世紀中，許多國家都將設立科學工藝博物館當作大眾科學教育及展示國力很重要的作為。例如美國芝加哥的科學及工業博物館（The Museum of Science and Industry, 1933），以及華盛頓的國立航空太空博物館（National Air and Space Museum, 1976）都名聞遐邇。以後者為例，該館展示萊特兄弟當年駕駛的最早期飛機（Wright 1903 flyer）、林白（Charles Linbergh）一九二七年成功橫渡大西洋使用的飛機（The Spirit of St. Louis），以及人類首次登陸月球的阿波羅十一號太空船哥倫比亞號（Columbia），另有月球岩石，這些收藏品展示出人類飛行的重要史頁。國內設在高雄市的國立科學工藝博物館（一九九七年開放）亦屬此一類型。

(五) 歷史博物館

大多數國家的很多城市或歷史勝地都設有博物館來陳列相關主題的發展或演進事蹟，增加觀眾對歷史全貌的瞭解，或對特定事件的認識。歷史博物館亦可分為國家級的、地方級的及專題的歷史博物館，也有分為遺址的歷史博物館及非遺址的歷史博物館。國家級的歷史博物館如美國國家歷史博物館（Museum of American History, 1980），展示三百年來美國文化、科技、生活型態的發展縮影，包括家具、蒸汽火車、各時期汽車、航空器等，而且也呈現十九世紀一般美國家庭的風貌。地方性的歷史博物館如荷蘭阿姆斯特丹歷史博物館（Historisch Museum, 1975），展示一二七五年以來阿姆斯特丹市的各項史科，包括書籍、繪畫、塑像服飾等等。專題的歷史博物館如荷蘭萊頓（Leiden）的風車博物館（De Valk Museum），陳列十五世紀以來各式風車；瑞典斯德哥爾摩的沉船博物館（Wasavaret Museum）展示從海底撈起的十七世紀戰艦巴薩號（一九六一年始打撈上岸移至專設博物館安置），吸引不少國際遊客專程前往參觀。至於遺址的歷史博物館如中國大陸西安的秦始皇兵馬俑博物館，展示一個特定時空的歷史遺跡；非遺址的歷史博物館雖展示歷史文物及古代人類活動遺留下來的痕跡（remains），展示物卻是集中擺設於博物館展覽廳內，如開羅的埃及博物館（Egyptian Museum, 1885）。

(六) 地方產業或文化特色博物館

這類型的博物館為數甚夥，但規模上一般都不很大，各類觀

光手冊常介紹此類專題的小型博物館，如鑽石博物館、錢幣博物館、陶瓷博物館（如大陸景德鎮的陶瓷歷史博物館）。國內很多文化中心都有具地方特色的陳列館，如宜蘭縣的台灣戲劇館、新北市鶯歌的陶瓷博物館、台中市的編織工藝館等等，都可納入此類小型博物館。

(七) 名人紀念館

以收藏特定歷史名人遺物的紀念館，也為數不少。例如著名丹麥童話作家安徒生（Hans C. Andersen）的出生地奧丹斯（Odense）市政府，將安徒生的住屋及其隔鄰民房一起購置，設立安徒生博物館（Hans C. Andersen's House），展示安徒生的遺物及其生前成長環境，並收藏有安徒生童話各國語文版本六千餘種。又如芬蘭赫爾辛基附近設有偉大的芬蘭作曲家西貝流士博物館（Sibelius Museo），館內展示西貝流士（Jean Sibelius, 1865-1957）的樂譜、生活史料，另有各國樂器的蒐集及展示。此類博物館在國內有南港的胡適紀念館、陽明山的林語堂紀念館等等。

二、博物館國際化的指標與方向

二十一世紀的博物館將隨時面對全球性的同業競爭，特別是國家級的大型博物館為然。值茲觀光旅遊日趨便利，一般民眾利用休假或每年固定假期到國外從事文化觀光旅遊活動逐漸普遍；且老年人口比例提升，退休後的跨國旅行也成為風氣，博物館間的「互補性」與「相斥性」將日益增強。換言之，到國外參觀過

相當數目的博物館後，對國內若干性質上具有互補性的博物館（類似主題或相關主題，惟展品性質不同，例如同是陶瓷器類，但西方瓷器與東方瓷器風格迥異），將增加其參觀的意願；另一方面，也可能因看多了國際上高水準的博物館，對國內較平庸而乏特色的同類型博物館，在相形之下，興趣缺缺。因此，文化全球化的大勢所趨，各博物館也必須力爭上游。積極方面以打響品牌、吸引國際觀光客的光顧為務；消極方面，維持特色與「日新又新」的風貌，成為地區文化觀光的景點，抓住社區民眾的向心力。

　　一個博物館國際化的程度能否評量呢？雖然在現階段要設計一套完全量化的評量表有其實際的困難，因為博物館本身無論其規模、類型、資源條件、地理位置以及專業水準差異頗大，以同一標準來衡量有失客觀公允；但是博物館的國際化仍然可以從若干角度或指標來評比，至少這些指標可作為博物館邁向國際化的努力方向。下面試列八點指標供評量的參考：

1. 參加國際博物館組織及有關活動的情形；除了聯合國教科文組織支持下的國際博物館協會（ICOM）外，各類型博物館的聯合組織、地區性博物館組織也為數不少，參加組織有助於資訊取得與人員交流。

2. 與國外同類型博物館建立姊妹館關係的情形：是否在展品互借與人員交流方面相當密切而頻繁。

3. 是否經常性安排大型國外博物館收藏或私人典藏品在館內展出，同時要評估這些專題展覽具有系統性的程度，且具有學術文化價值上的層次。

4. 是否常有機會前往國外博物館或適當文化機構舉辦館藏品

的展覽，或安排國內私人收藏品前往國外巡迴展示？

5. 每年有相當人數的國外觀光客或外籍旅客（如出席國內學術會議或外籍工商人士）到館參觀嗎？

6. 館內展品標示、特展手冊、導覽錄音帶是否都能配合外語人士的需要設計；此外，並有夠水準的外語導覽員與志工訓練隨時提供服務；博物館的出版品及期刊多有外文摘要的篇幅。

7. 館內典藏品可已部分數位化？國際人士能否自網路認識博物館的主要典藏品及館藏特色。

8. 館務發展政策中是否重視博物館的國際知名度及行銷宣導，並在年度預算中有適度數字的反映，可以見到該館推動國際化業務的企劃？

茲以國立歷史博物館為例，約略說明該館邁向國際化的努力。該館雖侷處於台北市植物園旁的南海學園，全館展示面積亦缺乏足夠的規模，但多年來在業務開展上不遺餘力，充分利用其有限資源與相當單薄人力於館務國際化。包括：

1. 加入國際博物館協會。近年來該館每年舉辦國際博物館館長論壇（Forum of Museum Directors），如二〇〇一年論壇主題為「博物館的專業主義」，二〇〇二年為「文化、觀光、博物館」；又如該館與法國在台協會合作，邀請法國博物館專家來台舉辦「博物館專業人員教育與人力資源管理學術研討會」（二〇〇四年九月）。

2. 該館與國外許多大型博物館建立互借關係，例如單在中國

古代貿易瓷方面，就曾舉辦過四次特展，包括「中國古代貿易瓷國際邀請展」（一九九二年十月，主要來自比利時博物館收藏品）、「中國古代貿易瓷——綜合篇」（一九九二年十一月，主要來自英、法、德、美等國博物館館藏）、「中國古代貿易瓷特展」（一九九四年五月，主要為大英博物館收藏品）、「如雪、如冰、如影」（一九九五年五月，主要為法國奇美博物館典藏品）。

3. 國立歷史博物館曾舉辦不少令國內藝術界刮目相看的國際大展，例如「黃金印象——奧塞美術館名作特展」（一九九七年）、「俄羅斯冬宮珍藏中國年畫展」（一九九五年）等等。

4. 該館曾於一九九二至一九九四年間，安排收藏家葉博文先生提供清代玉雕文物兩百餘件前往法、德、比、奧、瑞典舉辦「清代玉雕歐洲巡迴展」，又曾邀香港名收藏家多位提供陶瓷珍品一百六十餘件前往日本東京、大阪、京都、橫濱等城舉辦「中國名陶巡迴展」。

5. 該館參觀人數可自門票發售數估算，惟外籍人士比例難於區隔。今後國內博物館如何計算外籍觀眾人數的技術上問題，有待解決（以不同票價區分，似非適宜）。

6. 國立歷史博物館雖有外語導覽員，惟通常須經特別安排，尚未建立常態機制。一般展品已有英語標示，部分出版品中亦有外語（通常為英語）簡介，惟中文期刊論文之英語摘要仍待充實。

7. 該館典藏品數位化工作正進行中。

8.該館對行銷宣導一向非常重視，惟在打開國際知名度方面，力猶未及。至於推動國際交換與合作業務主要依賴申請專案經費補助為之。

以上有關國立歷史博物館的相關資訊，主要參據該館《建館五十週年紀念文集》（2005）及前館長黃光男先生（2003）所著《博物館能量》列出。實際上，評量一個博物館的國際化程度，自宜盡量採用量化數據，並進行若干年追蹤評鑑，以連續性縱貫數據來顯示其績效，較為客觀。惟目前國內博物館尚未建立全面評鑑制度，各館平時既未進行「自我評鑑」，亦乏如近年高等學府進行大學評鑑的機制。所以建立第三者（外部）評鑑的機制，並將博物館國際化、在地化及專業化有關指標列入評鑑項目，實為改進博物館經營績效很值得規劃的課題。

第二節 ▶▷ 博物館事業的在地化

在地化（localization）與國際化事實上有著密切的關係，因為在地化所顯露的是鄉土文化的原味，是一個特定地區文化或民族文化的固有特色，所以有其獨特性（uniqueness），展示一種文化的品牌。這種情形如同林懷民先生所領導的雲門舞集所以能蜚聲國際，是因為雲門並非單純的現代舞團，而是雲門舞者所展示的舞碼使人感受到東方文明色調、中華文化的哲學意涵，及台灣鄉土的草根性。同樣的，張毅、楊惠姍、王俠軍等篳路藍縷開闢

出來的「琉璃工房」、「琉園」等水晶玻璃藝品，亦因融會了在地化的傳統文化特色，所以能在競爭激烈的國際玻璃藝術市場搶攤，占有一席之地。就博物館而言，故宮博物院所以揚名世界，主要因為其舉世無雙的中華文物典藏；國立歷史博物館平常所以吸引外來人士前往參觀，主要在其所收藏原河南博物館所有青銅器與唐三彩陶瓷藝術，這些典藏品皆因具有相當程度的特色，所以擦亮了館譽的招牌。對於缺乏類似文化資產成為館藏的博物館來說，就必須考慮建立本身的在地特色，例如在屏東的國立海洋生物館，除了其規模與專業化受到參觀者很高的評價外，在海洋生物博物館的同行眼中，該館的珊瑚復育及台灣附近海域特種魚類的展示與研究工作，一直受到普遍的重視，有其國際聲譽。

本書前述各縣市文化中心的特色展示館，包括宜蘭縣的台灣戲劇館、新北市鶯歌的陶瓷博物館、桃園縣的中國家具博物館、台中市的編織工藝館、彰化縣的南北管戲曲館、南投縣的竹藝博物館、屏東縣的排灣族雕刻館等等，都是鄉土性、獨特性的典型例子。雖然博物館規模不大，較接近於一種陳列館；但類似精緻型的小型博物館只要特色突顯，仍然受到外來遊客的喜愛。近年成立於新北市淡水的十三行博物館及在台中市的九二一地震紀念館，同樣受到高度的評價，也是因為其在地化的特質使然。在地化的特色有時在館舍建築方面亦可展現，例如前述十三行博物館、九二一地震紀念館這兩所遺址陳列館的建築風格，就對博物館本身有加分的效果。

博物館在地化另一重要的向度表現在營運方面。在地化的意義在於博物館成為社區生活的中心，與社區生活結合在一起，亦

即「非殿堂化」，使觀眾充分感受博物館的親切性、可接近性。雖然台北市東區的國父紀念館在典藏品方面仍有待充實，但是該館及其周邊庭園環境，已成為很多市民遊憩及觀賞的場所，週末假期館外常有小型演藝活動，宛似巴黎龐畢度中心前的廣場。其實，國外不少博物館、美術館常是社區民眾假日休息、平時約晤的地方，博物館與社區藝文生活有較密切的契合，亦能帶動社區人文氣息，陶冶藝文素養於無形中。邇來漸見有大型百貨公司或超級購物中心設有博物館或陳列館，寓藝術於消費活動中，也是一種創意的突破。

營運的在地化尚有另一種意義，就是在地人以非專業的身分參與博物館的營運，亦即博物館設有若干委員會，如發展委員會（募款委員會）、藝術推廣委員會、建教合作委員會等及志工組織，由社會人士（特別是社會名流及退休人士）參加，協助推動館務的若干工作，使在地人士有一種參與感，博物館增進一份透明感。從此角度看，在地化也是脫離「殿堂化」，不再是高高在上，亦非遙不可及，而是很多民眾日常生活中不時出入的場所。

第三節 ▶▷ 博物館經營的專業化

一、博物館專業化的認定

一般討論到專業化，著眼於若干指標（Treimon, 1977；郭諭

陵，2005）：

    1. 運用專門的知識與技能；

    2. 經過相當期間的職前訓練；

    3. 標榜清晰的專業倫理信念；

    4. 存在品質管制的專業社團；

    5. 強調繼續進修教育的價值；

    6. 相對較高的資格門檻與待遇。

    倘若從上述六項指標來看博物館專業，可以總括地說，博物館管理工作的職位中有一部分係由完全專業化的人才來擔綱，另有一個層次的職位係由半專業化的館員來充任；一般博物館還需要有相當比例的非專業人員來協助看守、庶務、志工的日常業務。

    一般中型及大型博物館的人事編制，人員可分為若干類別：如依工作性質（職能）分類，通常包括行政人員、學術人員、設計人員、教育人員、業務人員、技術人員、公關人員等七類（漢寶德，2000：152-155）。然而若從專業化的角度分類，可以分為行政管理人員、學術研究人員、訊息傳遞人員（法國稱為 "les métiers de la médiation"）、專門技術人員（指維護修復與機電燈光、安全控制等職能）、接待與守衛人員、商業服務人員等六類。當然，如將一所大型博物館的所有職位進一步分析，可以列二、三十種以上（Glaser & Zenetou, 1996: 65-123）。以上六類中，行政管理人員包括館長、副館長、各部門主管，要擔任這些職位，一般要求須具備專業訓練的背景，即使是財務管理與發展規劃人員（development officers）亦不例外；特別是博物館館長，即使不

一定是博物館專家，至少應該在文化專業生涯中有相當的歷練，熟悉文化機構的經營管理。一般而言，在法人制的博物館，其董事會或理事會的主席通常為具有社會清譽與籌措財源能力的名流；但是館長必然是專業人士擔綱，而非純粹行政人員。

博物館內的學術人員包羅相當多的專長，除了人類學、考古學、藝術史、目錄學、科學鑑識、資訊科技等領域的學科專長外，各館尚依其典藏品的特殊性而需要語言專家（例如亞洲文物館須有漢學、日文、藏文、韓文專家）或其他學有專長的專家。博物館人員中具 "conservator" 名銜的人，地位很高，望之可知其為學術人員，具有博物館專業背景。

「訊息傳遞人員」雖為新名詞，其職務卻包括傳統的社會教育、推廣課程、視聽教育、資訊管理、公共關係、編譯出版等類業務。博物館所聘用的這些職能的人員，一般為半專業人員，其學歷背景以大學本科或碩士學位居多，資格門檻要求不如前兩類人員。在國外，這類人員的職稱或稱呼為編輯（editor）、教學人員（educator）、展覽規劃人員（exhibition developer or preparator）、資訊管理人員（information manager）、圖書館員（librarian）、媒體管理人員（media manager）、會員事務人員（membership officer）、公關人員（public relations officer）、志工協調人員（volunteer coordinator）、導覽解說人員（interpreter or explainer）等等。同樣的情形，專門技術人員，包括各類助理，如維護助理（conservation aide）、展覽準備助理（exhibition assistant）、圖書檔案管理員、機電技術員、燈光修護技術員、電腦處理人員、視聽媒體操作人員也都列為半專業人員。至於接待與

守衛人員、商業服務人員，包括 shop assistant、tour scheduler、guard、custodian、mechanic、woodworker、gardener 等等，均列為非專業人員範圍。

博物館專業人員的養成課程，歐美均以碩士與博士學位的研究所課程為主，大學本科教育則主要在培養博物館館員，通常僅限於半專業化的人員。最早的博物館專業養成教育應推一八八二年法國巴黎的羅浮宮學院（l'École du Louvre）。英國的博物館協會亦於一九三二年開設博物館學相關課程，而英國的萊斯特大學（University of Leicester）於一九六七年開始設立博物館學的碩士課程。目前像曼徹斯特大學（University of Manchester）就提供藝廊與博物館碩士學位，伯明翰大學（University of Birmingham）開設有文化資產管理碩士。目前推動博物館專業養成教育的機構應算國際博物館協會，特別是該協會於一九六八年成立的國際從業人員培育委員會（le Comité International pour la Formation du Personnel）。國內國立台南藝術大學於一九九六年成立的博物館研究所、輔仁大學於二○○二年成立的博物館學研究所、元智大學於一九九九年成立的藝術管理研究所、國立中山大學於二○○一年成立的藝術管理研究所、雲林科技大學於二○○二年成立的文化資產維護研究所，都是以碩士階段的博物館（或美術館）專業課程來進行養成教育。

二、博物館行政法人化的論議

目前國內公立博物館人事任用，完全比照其他政府機關用人

管道，納入公務人員體系管理，另有部分專業人員依其學位資歷，透過《教育人員任用條例》的特別管道，以社會教育人員任用。由於博物館員在現行官僚體系下視同公務人員，必須通過高等考試或普通考試始能進用，而現行高普考又受到「考用合一」政策的拘束，不但錄取人數很低，且職系類別也無法因應博物館覓求專才的需要。例如近年存在的高考二級職系，雖有「博物館管理」，係列於「文教新聞行政」類別下「圖書博物管理」職系，應考科目為博物館學研究、文化人類學與博物館實務研究、藝術史研究或自然科學研究、外國語文（英文、法文、德文、日文或西班牙文：包括作文、翻譯及應用文）等四科。無論從事博物館內任何部門，皆一視同仁列於相同職系。以普考來說，博物館管理同樣列於「文教新聞行政」職類，其應考科目為博物館學概要、社會教育概要、博物館管理概要、本國文化史概要或自然科學導論概要、國文（作文、公文與測驗）等五科。至於循《教育人員任用條例》途徑進入博物館者，多屬在國外修習相關課程取得碩士以上學位的專業人員，依上述條例第二十二條：「社會教育機構專業人員及學術研究機構研究人員之聘任資格，依其職務等級，準用各級學校教師之規定」任用。可見，以教育人員應聘到公立博物館服務者，只能占用教育人員或研究人員的職缺，如編輯、編纂、助理研究員、副研究員、研究員之類，其名額受到各館組織規程或設置辦法規定的限制。

除了人事任用的窒礙，公立博物館在會計與財務管理方面一樣缺乏彈性。因為視同公務機關，無論在預算編列、會計審計及財產處理，一概比照行政機關的規範。在這種掣肘下，經營績效

難免受到影響。近年行政院推動政府組織再造方案，二〇〇三年行政院提出《行政法人法》草案，該草案在二〇〇五年八月與考試院協調討論後經過修改又再送立法院審議，該法案已於二〇一一年四月經立法院三讀通過，並經總統明令公布實施。雖然公立博物館的「行政法人化」在文化界一直是見仁見智，立場觀望，尚無公立博物館勇於率先施行，但在文化機構中，國立中正文化中心兩廳院已試行十年，其正面效果尚屬彰著（詳見本書第十章）。日本公立博物館亦於二〇〇四年實施獨立行政法人化，但觀察者隱然表示「博物館、美術館的獨立行政法人化；事實上，幾乎就是暗示了事業的內容預算和人員組織的縮小」（薛燕玲等譯，2003）。

雖然公立博物館面對行政法人化的大勢所趨，卻擔心獲得較多行政自主權的同時，也會付出相當代價，將是在年度預算上的減少與編制員額的收縮，今後行政主管在開拓財源與經營管理上將負起較重的責任。另有博物館界人士憂心，監督權由教育部或文化部轉為董事會（或理事會）後，是否會出現政治介入（國立博物館董事半數以上由主管機關推薦，董事長由行政院長任命），或是企業財團入侵的問題？這種隱憂就如同多數國內公立大學對實施行政法人化的排斥是一樣的道理。

目前國內極少數博物館有委外經營（例如國立海洋生物博物館第一館）的案例，也有倡導類似法國羅浮宮博物館、凡爾賽宮、奧塞美術館、奇美博物館等聯合成立共同基金的彈性體制。站在專業化的促進，當前國內公立博物館的經營與監督，必須有較彈性化的做法。行政法人化固然是一條途徑，但是政府如何以實際

的支持來化解可能存在的疑慮（例如成立共同基金），自然是必要的配套措施。

第九章

表演藝術與
文化財務政策

　　表演藝術無論其為音樂、舞蹈、戲劇或其他舞台的綜藝表演，都是一種有利的文化投資，可以獲得高額的產值。例如歌劇經排練完成後可在同一場地重複演出，或到其他劇院巡迴演出，只要水準足夠，通常會有可觀的回收。英國音樂劇《貓》，風靡全球，至二○○二年觀眾總數已超過六千五百萬人。其他聞名於世的音樂劇如《歌劇魅影》、《鐘樓怪人》等也都一直締造票房佳績。又如曾經三度來台北演出，總部設在加拿大蒙特婁的太陽劇團（le Cirque du Soleil）經常同時有近二十團在世界不同觀光據點演出三、四套劇碼，總部工作人員超過四千人，每年收益達八億多美元，可說是一大表演藝術企業。然而，表演藝術團體或經紀公司在亮麗的票房背後，總是需要相當長期的投資與財務支持。從一

九七三年創團的雲門舞集，在創辦人林懷民團長的帶領下，已經蜚聲國際，三十餘年來在國內外演出一千五百場以上。然而在篳路藍縷的初期也曾嘗受財務的壓力，一度宣告結束團務。至於為國內表演藝術貢獻甚鉅的新象藝術公司，在許博允、樊曼儂夫婦長期慘淡經營下，也飽受財務壓力的困擾，其中艱辛非一般行外的觀眾所能體會。所以，一個國家的表演藝術要走上康莊大道，有賴建立健全而資源充沛的獎助體制，文化獎助必須植基於合理而平衡的財務政策基礎上。下面試就這樣一種財務政策涉及的理念加以討論。

第一節 ▶▷ 文化財務與績效評鑑

一、文化財務的理論導向

文化財務政策涉及若干不同的觀點，其理論導向反映到票價標準的決定及政府的補貼或補助政策上。大體來說，有四種論點。

(一) 文化投資論

如同視教育事業為長期的投資，百年樹人的事業不宜企求短期內有顯著的回饋；主張表演藝術為一種文化投資的學者，也強調表演藝術：(1)可以改善生活環境品質；(2)可以普遍提升國民文化素養；(3)可以帶動其他文化消費（例如文化觀光）；(4)可以有

長遠的利潤回收。因此，在票價政策上，主張低票價甚或免費開放，以利吸引更多的觀眾；「正其誼不謀其利」，原則上應由政府編列較充足的預算補貼支持，可以不用過度在意成本與收入。

(二) 成本效益論

文化財政學的學者傾向不應做虧本生意的觀點，重視成本與效益的分析，而其基本哲學是「消費者付費原則」，即使不必將所有投資成本分攤到票價上面，至少應該客觀而周延地估計票房的可能收入及可期待的利潤。因為只有足夠的營利才能使此表演事業持之以久，且進一步擴充發展。成本的計算是多向度的，政府機關補助及企業贊助當然列在減付成本的帳面上，效益也不單由票房來反映，其他收入如廣告、紀念品的銷售，都可以一併納入。成本效益論點雖然較為功利，卻是相當務實，與文化投資論並無必然的衝突。

(三) 市場供需論

重視市場需求的市場主義者認為，表演藝術的節目應充分考慮消費者的胃口，顧及文化市場對這些節目型態的接納程度。否則，曲高和寡，反而不受歡迎，導致虧損或觀眾冷清、演出無以為繼的後果。所以，市場分析及行銷策略非常重要。重視市場反應的演藝團體同時也會注意產品包裝，迎合預設觀眾群的口味。在票價策略上，市場供需論的經理人較注意彈性調節與供需關係，例如熱旺時段（週末或晚間）票價較高，下午場或淡季則票價較低；同時為開發特定觀眾族群，亦有優待票價的辦法。這些商業

化的考慮，有時會犧牲一部分演出效果。

(四) 產業經營論

產業經營論是當前文化產業普遍講求的道理，表演藝術如果視為一種文化產業或創意產業，自然應該注意表演團體本身或經紀公司的經營管理。一般演藝團體的行政總監及其主要助理亦需有企業經營的觀念，重視確保營利的績效責任（accountability）。邇來文化行政機關及藝文贊助基金會也受此一經營主義（managerialism）的影響，頗多傾向以受補貼者績效表現為基礎的分配補助款方式（performance-based funding），對較具競爭力、實際經營效果較佳的團隊給予較優厚的獎助；對票房較無長進或績效評鑑較欠理想者減少支持，以集中資源培植較具潛力的演藝團隊。此一政策可促使不夠重視本身競爭力的團隊勇於檢討改進，加強成效管理。

二、表演藝術活動的財務來源

對於一項表演藝術活動來說，在規劃之初必須考慮成本與收益的問題。在投資性支出（investment cost）方面，通常包括建築、設備、房舍折舊（如為單一演出活動，則為場地租金）以及場地布置、人員訓練等費用。在經常性支出（recurring cost）或營運成本方面，則包括辦公場所租金、行政費用（如水電開銷）、人事費、保險費、保全費、宣傳費（廣告費）、公關或接待費、義工津貼、研究分析費等等。有時演藝團體如曾向銀行貸款，尚

須納入必須支付的利息；此外，經常會有一些未曾預計的臨時開支，如意外災害或賠償支出，所以必須編列預備金的支出項目。

在收益方面，一般分為直接收益、間接收益及外溢收益。直接收益包括門票收入、贊助收入、紀念品售賣收入以及現場轉播權利金的收入，節目單的售出及其廣告版面收入亦為收入的一部分。至於間接收益則指提高表演團體或藝術家的知名度、強化藝術形象及建立品牌聲譽等方面取得的好處，又如對基本觀眾群的開拓，亦可視為一種間接收益。至於成本效益分析常提到的「外溢利益」（spill-over benefit），特指藝文活動惠及當地區的觀光業、旅遊業以及有益地區人口就業等的效果。其實，如為單一活動，外溢利益很難較精確地估算。下面單就表演藝術活動的主要財源進一步說明。

第一，就門票收入而言，除非該一演出活動係與企業機構合作，並對門票收入有事前協議，或是參與藝術季節活動及某一慈善機構辦理的義演活動，門票的收益應該是表演藝術團隊重要的收益來源。但票房收入可能分為預訂售出、現場售出及網路售票，有時依協議情形必須提供相當數目的入場券供贊助的企業贈送或公關用途。演出活動如係季節性或較長期性的，亦有優惠價的聯券或季節票方式。國外亦有特別贊助戶季票（例如每一演出季節可換領十場門票），如贊助戶聽眾不克觀賞，可事前電告票房售出或轉贈福利團體（老人、殘障或其他指定對象），這類贊助戶季票的票價自與一般門票有異。

第二，補助收入在藝術市場尚未完全發展的地區往往高出票房收益。補助收入分為政府機關或半官方藝術基金會的獎助，亦

有係企業界的贊助，或私人慈善捐贈。以台灣地區而言，早期文化建設基金會、文建會、各縣市文化中心均列有表演藝術方面的補助款預算，有些係專就個別演出所做的補助，亦有係較長期的年度補助（例如文建會的「培植國際性演藝團隊方案」）。至於企業機構及其附屬基金會的贊助，近年來日趨重要。目前歐美國家的文化行政機關亦積極建立藝術與企業合作平台，加強其夥伴關係（art and business partnership），例如英國早於一九七六年就成立英國藝術與企業組織（Art and Business UK，參見 http://www.aandb.org.uk），英國各地的藝術委員會（Art councils）對當地的主要藝術表演活動通常也有挹注。

第三，藝術創作的收益除了現場演出外，其演出製作成的視聽產品，如影碟（DVD）及錄音錄影轉播權的權利金、節目單上的廠商廣告收入、團隊標記被應用於紀念品製作的版權收入，都是可觀的財源，值得用心開發。近年來創意產業日趨熱絡，部分產值來自表演藝術製作的影視產品，所以智慧財產權的保護是文化投資很重要的基礎。

三、表演藝術活動的績效評鑑

一個表演藝術團隊為健全其財務結構，在企劃演出活動前，原則上應進行可行性評估或需求性評估；同時應針對演出活動設定的目標，在整個活動過程中進行目標管理，一旦演出活動結束，亦應客觀地從事績效評鑑。這種自我評鑑通常會配合贊助機構或補助機構定期性的外在評鑑，以查證主辦單位所提報的資料，作

為下次補助或贊助的參據。

通常演出團隊在企劃書上要自問六個 "W" 的問題：

1. Why：為什麼辦此演出活動，需求如何？（need）

2. Who：為誰辦此活動，觀眾何在？（audience）

3. When：什麼時段舉辦較妥適？（timing）

4. Where：在何種場地辦理較合適？（location）

5. What：準備呈現何種主題？（theme）

6. How：如何進行準備工作？（planning）

以上這些預擬結論或答案將是事後評鑑很重要的參考資料。

一旦這些基本問題有較滿意的結論，企劃人就須洽商所有「利害關係人」（stakeholders），包括演出場地負責單位、贊助機構或藝術基金會、可能提供補助的政府部門、預定邀約參加演出的藝術家、可能提供協助的志工社團，當然亦包括團隊所屬機構主管或董事會負責人。因為事前的參詢是獲得充分支持的要件，這一事前參詢過程是否存在，亦是評鑑查考的項目。

演藝活動的評鑑可分三個層面：第一個層面是服務品質，第二個層面是相關基本設施的周全性，第三個層面是市場行銷的效果。下面分別討論評鑑的指標：

首先，在服務品質的評鑑上，一般最常採取的指標包括：

1. 方便性（accessibility）：亦即到達演出場所的交通是否方便？有無捷運、公車或較寬廣的停車場等等。

2. 合理性：門票價格是否合理？有否貨真價實，讓觀眾覺得值回票價？

3.親切性：服務人員是否親切而有禮貌？工作效率如何？

4.安全性：演出場地的安全設施是否周全？突發事件處理是否隨時皆有因應準備？

5.舒適性：表演廳的座位是否舒適？空調、音響、燈光、廁所衛生是否合乎水準？

其次，在相關基本設施的評鑑方面，包括下列指標：

1.入口接待與觀眾入場動線的設計，包括路標指示與服務人員的引導；

2.無障礙環境的程度，對身心障礙觀眾的周到服務；

3.緊急事件的處理（如停電）、醫療救護的考慮；

4.垃圾廢棄物的處理、場地的整潔與秩序；

5.餐飲服務與中場休息時間的觀眾走動空間、攤位的適當管理等。

最後，在市場行銷效果的評鑑方面，一般著眼於如下指標：

1.包裝技巧與形象塑造的效果；

2.市場區隔（market segmentation），亦即是否設定目標市場，並對不同特定觀眾群「量身訂製」（customization）宣導用語？

3.是否對假設競爭者進行分析？並在定價及優惠價方面採取因應策略？

4.演出活動的曝光率如何？是否對媒體報導及觀眾反應進行分析？

5.是否針對觀眾反映的意見及顧客滿意度調查有所檢討並研擬改進措施？

今日在產品行銷上講求「品質保證」，學校教育上亦受到企業經營觀念的影響，強調品質保證，通常也透過學校評鑑來實踐。同樣的，表演藝術團隊要取得觀眾的信賴，要贏得更多的贊助與政府支持，也必須以透明化的評鑑資料顯示其不斷自我改進、力爭上游的事實。當然，除了經營績效，表演節目水準本身的提升也不容忽略，兩者相輔相成，才是成功的保證。

第二節 ▶▷ 表演藝術在國際文化活動的角色

一、多姿多彩的藝術季節活動

二次世界大戰結束後，歐美地區在恢復和平與逐漸邁向繁榮的同時，開始舉辦大型國際表演藝術的活動。其中尤以嘉年華式的藝術季方式最為流行，此類耗費人力與資源龐大的國際盛會所以能舉辦，一方面得助於航空事業日趨發達，長程旅行已非難事；另一方面也由於各國政府在財政改善的同時，願意大力支持這類展示文化國力或體育運動實力的競賽活動，若干大型國際基金會也樂意慷慨贊助。所以二十世紀後半期，無論在電影展、戲劇節、舞蹈節、音樂節或鋼琴大賽、小提琴大賽，不僅成為藝術專業普

遍重視的年度大事，各國政府也樂見其本國藝術家或其代表作品閃耀於一些世界媒體聚焦的藝術角力舞台上，為國爭光。

就電影節而言，三〇年代已經有影展活動的存在，但其規模難與今日的影展相比。威尼斯「國際影展」（International Film Festival）早從一九三二年就開始舉辦，當時為威尼斯雙年展的一部分，除影展外，尚有威尼斯音樂節（1930）、威尼斯國際戲劇節（1934），後來又有威尼斯雙年展及國際建築展。電影節每年七、八月間舉行，頒金獅獎。

坎城影展成立於一九三九年，戰爭期間曾有間斷，每年五月頒金棕櫚獎。法國除了支持坎城影展，西部諾曼第的觀光小城水城（Deauville）的美國電影節、亞洲電影節也很吸引電影專業人士。

奧斯卡金像獎（Oscar Academy Award）亦起源甚早，美國影藝學院（Academy of Motion Picture Arts and Sciences）成立於一九二六年，自一九二九年起，每年分兩輪評選上年度名片，前一輪由專業人士提名投票決定入圍影片，後一輪再由該院五千餘會員投票，得獎影片獲頒學院獎（Academy Awards），一般稱之為「奧斯卡獎」。

戰後另有兩個著名的電影節，其一為一九五一年開始的柏林影展（Berlin International Film Festival），每年二月頒金熊獎；另一為愛丁堡電影節（Edinburgh International Film Festival），每年八月舉辦，此一影展與威尼斯、坎城、奧斯卡、柏林四個影展相比，聲勢稍弱。

在音樂、舞蹈、戲劇諸方面也有不少舉世聞名的藝術季節活

動，每年吸引數十萬觀眾參與盛會。例如愛丁堡藝穗節，每年八月至九月初舉辦，自一九四七年開始迄今已超過五十年歷史，節目包括音樂、舞蹈、戲劇。開始時側重邀請歐洲藝術團隊，如維也納愛樂、柏林愛樂、法國與德國的歌劇院團隊都曾經應邀前往演出，後來邀請對象漸擴及美洲、亞洲、拉丁美洲及非洲地區。據估計，愛丁堡藝穗節每年帶給愛丁堡市三千五百萬歐元的收益、四千個工作機會；其經費除了27%來自票房收入外，有30%預算係蘇格蘭藝術委員會及愛丁堡市政府的補助，另有34%靠贊助者（主要來自基金會）的捐贈及企業界的贊助。

　　法國的亞維儂藝術節自一九四○年代後期開始，至二○一三年已是第六十七屆。其節目以戲劇為主，亦有音樂與綜藝表演，通常每年七月份亞維儂小鎮宛如整個月的嘉年華會，正式節目約為期三週，吸引十餘萬購票觀眾，多數演出場地係露天劇院，表演自晚上十時天黑開始至翌晨二點鐘左右，另有一番氣氛。亞維儂藝術節的經費60%來自政府編列預算補助，以法國文化部、法國藝術行動聯合會（AFAA）、亞維儂市政府為主要支持者，票房收入約占35%，另有零星捐助收入。此藝術節的主辦單位為由各相關贊助單位及專業組織合組的七人委員會，由此委員會任命藝術總監，授權藝術總監及其行政團隊挑選節目及負責藝術季實務，包括安排接待演出團隊的食宿交通。每年七月，世界各地藝術經紀人多會到亞維儂來洽談合作對象，演出團隊到亞維儂演出成功後，通常會收到許多邀約到世界各地巡迴演出。

　　在音樂節方面，最響叮噹的莫過於奧地利莫札特故鄉的薩爾茲堡藝術節（Salzburg Festival），每年七、八月間在風光秀麗的

小城薩爾茲堡三個主要音樂廳進行，其他演出場地尚有莫札特音樂院的大音樂廳、宮廷花園及教堂、劇院等。長期以來，維也納愛樂管弦樂團是薩爾茲堡藝術節的中堅。此外，世界各地的音樂團體也多以能應邀到此演出為榮。薩爾茲堡藝術節開始於一九二〇年，可算在藝術節中歷史最悠久者。

美國林肯中心藝術節（Lincoln Center Festival）係一九五六年在洛克斐勒三世（John D. Rochefeller Ⅲ）大力贊助下開辦，也是美國地區諸多藝術季節活動中最著名者，其中堅夥伴為紐約大都會歌劇院與紐約愛樂交響樂團。

在音樂方面，法國普羅旺斯國際音樂節（International Festival of Art and Music AIX）自一九四七年開始舉辦，也是愛樂者喜歡的盛會，每年至少有五齣歌劇的演出及六十場以上的管弦樂、室內樂及獨奏會。此外，法國里昂舞蹈節（Lyon Dance Festival）成立於一九八〇年，存在時間不算很久，但是過去約三十年已邀請到包括雲門舞集的四百餘團隊到里昂演出。

為配合每年夏季觀光客的旺季，有若干藝術季節也非常叫座：包括巴塞隆納夏日藝術節（Summer Festival of Barcelona）、漢堡夏日戲劇節（International Summer Theater Festival Hamburg）；秋季時段則有配合「十月啤酒節」的慕尼黑雙年藝術節（Munich Biennale）及巴黎秋日藝術節（Festival d'Automne à Paris）。

二、英、法、日本的藝術贊助機制

為了推動本國藝術家或藝文團隊參與上述藝術季節或其他國

際藝術交流活動，同時亦支助在國內舉辦大型國際藝術表演活動，多數國家都有其半官方的藝術基金會或類似機制，以國家預算併同民間捐贈，或者透過發行彩券方式募集財源，以贊助各類藝文交流。下面試舉英國藝術委員會（Arts Council of Great Britain）、法國藝術行動聯合會（Association Française d'Action Artistique，簡稱 AFAA）、日本的國際交流基金會（The Japan Foundation）為例，說明其運作體制及財務運用情形。

英國的藝術委員會成立於一九四五年，後來分開成為英格蘭（Arts Council England）、蘇格蘭（Scottish Arts Council）、威爾斯（The Arts Council of Wales）、北愛爾蘭（Arts Council of Northern Ireland）四個地區藝術委員會，分別職掌各該地區的藝術補助業務。藝術委員會的委員係由英國文化、媒體與運動部部長任命，任期四年，得續任一次。以英格蘭藝術委員會委員為例，共有十五位委員，其中九位係英格蘭行政區九個地區藝術委員會之主席兼任當然委員。委員會設有執行長（chief executive）一位，執行長之下有十三位部門主任（chief directors），分別或主管某一特定行政區的藝術補助業務，或主管對外關係、財務營運等業務。英格蘭委員會的工作人員超過八百人。對於各種贊助案之申請與核定，通常係透過同儕評審方式，由委員會選聘相關領域專家擔任評審小組委員，進行審查及建議補助額度。藝術委員會的工作人員不具政府公務人員身分，所聘評審委員亦居於專家立場獨立進行審查作業，不受文化行政部門的影響。

英國藝術委員會的經費來源，一部分來自政府部門的年度預算。據文化、媒體與運動部和英格蘭藝術委員會簽訂的撥款協議

（funding agreement），前者撥助後者二〇〇三到二〇〇六年三年預算總額接近十一億英鎊，亦即每年約有三億至四億英鎊不等的財源來自政府撥款。

至於彩券的收入係自一九九三年開始，當年英國議院制訂《國家彩券法》（National Lottery Act），規定國家彩券的發行由文化、媒體與運動部監督，另由國家彩券委員會（National Lottery Commission）負責彩券事業的管理，彩券銷售收入的分配為公益金占 28%，獎金 50%，彩券稅收 12%，零售經銷商 5%，電腦系統與市場開發 3%，另受託彩券發行公司 1%。公益金部分又進一步分為文化資產基金、體育運動基金、慈善基金、藝術基金、健康、教育及環保基金等。藝術部分約可分到公益金的 16.6%。至二〇〇五年初，國家彩券分配基金累積到一百七十八億餘英鎊公益獎助金，數目至為可觀。英格蘭藝術委員會每年約有五億英鎊的補助預算，其中大約五分之一來自國家彩券基金的撥助（上列數據主要據英格蘭藝術基金會及英國文化、媒體與運動部網站資料 http://www.artscouncil.org.uk 及 http://www.culture.gov.uk）。

法國藝術行動聯合會成立於一九二二年，當時係由公共教育部與外交部合設，一九三四年改取今名，偏重在國際藝術交流的業務。開始時其執行委員會有四十位委員，後來減少到目前的十八位委員。其會長（le président）下有三位副會長襄助，另有一位財務長，但是實際行政協調係執行長（稱 le directeur）負責，任期三年，期滿得連任。法國藝術行動聯合會的執行長為德・阿波（Olivier Poivre d'Arvor），自一九九九年擔任此職至二〇一〇年卸任（AFAA 於二〇〇六年改組，稱 Culturesfrance），渠

為法國亞維儂藝術節的靈魂人物，其前任執行長狄恩（Jean Digne）曾規劃主辦我國故宮博物院文物於一九九八年到巴黎大皇宮博物館的三個月展示。可見法國藝術行動聯合會無論在表演藝術或視覺藝術的國際交流，皆扮演財務支持者的關鍵角色，惟其決策深受法國官方、特別是外交部及文化部的影響；其預算以二〇〇一年為例，為二千四百萬歐元（Lombard, 2003: 157），其中有五百萬歐元用於表演藝術活動補助。就經費來源來說，有 69%來自外交部（約一千七百萬歐元），8%（約二百萬歐元）係文化部撥助，其餘則來自所辦理藝術活動的盈餘及相關單位捐助。由此顯示，法國藝術行動聯合會的半官方色彩相當濃厚。

日本國際交流基金會係一九七二年創立，亦屬半官方的機構，起初列為「特別法人」，二〇〇三年起改為行政法人（按：日本國立大學自二〇〇四年五月均改制為行政法人，故為同一法律身分）。其設立目標有三：(1)推展「日本學」（區域研究）於海外，並進行學術交流（功能上類似國內的蔣經國國際學術交流基金會推動的漢學及台灣區域研究）；(2)推展海外的日語教學；(3)推動日本與國外的藝術及文化交流。例如二〇〇三年推動日本與東南亞國協（Association of Southeast Asian Nations，簡稱 ASEAN）國家文化交流年，二〇〇四年為日本與美國交流一百五十週年紀念的系列活動，二〇〇五年辦理「日本與歐盟市民交流年」及「日韓友情年」活動。日本國際交流基金會雖為獨立行政法人性質，與文部科學省文化廳的關係同樣非常密切。日本國際交流基金會的理事會只有六人，除理事長外，尚包括理事三人、常勤監事一人、非常勤監事一人。業務部門分為四處：文化藝術交流

處、日本語推廣處、日本研究交流處、行政處。文化藝術交流處下分文化事業部、藝術交流部，行政處則分總務部、經理部、企劃評鑑部。

日本文部科學省文化廳另有一個藝術文化振興基金，由行政法人日本藝術文化振興會所運用，該基金由民間捐贈一百一十二億日圓，配合政府出資五百三十億日幣聯合組成。雖然重點較偏重國內藝術文化活動的補助，與國際藝術交流亦有關聯，例如補助民間社團邀請國外藝術團隊到日本參加大型藝術季節活動。

總之，很多國家為推動國際文化交流，設有獨立法人的機制，其中尤以基金會型態運作最為普遍。這類機制對於活絡表演藝術的國際性活動，包括各國團隊參與藝術季節活動，助益頗為顯著。

第三節 ▶▷ 國內的表演藝術補助機制

一、文化部（及其前身：文建會）的藝術活動補助

文化部的前身：行政院文化建設委員會（簡稱文建會）成立最初十年期間，年度預算相當有限，大約在三、四億元之間，所以對於推動大型藝術交流活動頗感掣肘。但是當時為扶植國際表演藝術團隊，如雲門舞集、朱宗慶打擊樂團等等，已有專案補助計畫；此外，文建會掌理一個接近十億元的文化建設基金，可運用部分經費（特別是孳息）於補助藝文團體出國參加國際展演活

動。到一九九一年以後舉辦第一次全國文化會議，積極規劃中長程文化發展方案，加以當時政府大力推動國家建設六年計畫，文建會所擬二十五項計畫，包括中央及地方文化基金充實方案（後來分年編列預算，促成國家文化藝術基金會的成立）、國際性演藝團隊扶植方案、中書外譯方案、國際文化交流展演活動方案、籌設海外中華新聞文化中心方案、駐外文化機構設置計畫、縣市文化中心第二階段擴展方案等等。所以文建會的預算亦筆直上升，隨著業務擴充，到一九九一年代初期，年度預算已超過二十億以上（例如一九九三年度為二十三億九千餘萬元），如將撥充國家文化藝術基金會的創立基金計算在內（平均每年列八億補助國藝會預算），則在三十億元以上。在這種有利情況下，國際文化活動也漸熱絡，尤其在人才培育方面，具有關鍵性的意義。

二○○○年由於台灣省政府業務精簡，原省屬文化機關均改隸文建會，文建會年度預算到二○○四年高達五十二億元，約增加一倍。惟國際藝文活動經費因受國內外差旅費及作業維持費依行政院各部會通盤刪減的影響，並無顯著提高。但是文建會贊助各縣市辦理國際性藝術季節活動一樣不遺餘力，不失為國內支助國際藝文交流在財務上的主要支柱。

最近（二○一六年度）文化部及所屬機關歲出預算約為一百十六億七千萬元，其中文化發展業務、表演及視覺藝術業務、國際文化交流業務、表演藝術團隊之扶植經費皆有大幅度增長。此外，運用新台幣六十多億基金的國家藝術基金會也健全運作多年，特別是對國內主要演藝團隊的扶助，雖說僧多粥少，但是助益不少，國內的表演藝術補助機制也相當制度化。

文建會早期於紐約與巴黎成立台北新聞文化中心，分別設有藝廊與小型演奏廳，成為我國對外推動藝術交流的平台。紐約的台北新聞文化中心係一九九一年在洛克斐勒中心（Rockefellor Center）開幕，地處大都會的黃金地段，曾引起美東文化界的重視。巴黎的台北新聞文化中心在巴黎第七區，鄰近奧賽美術館，地點一樣不可多得。兩中心文建會派駐同仁主動出擊，穿針引線，為國內藝術團隊安排在國外展演機會，或洽商國外重要展品到國內博物館展覽，邀請藝術團隊來台表演，績效彰顯。當初文建會曾在國建六年計畫提出在東京、倫敦、羅馬及新加坡設置相同性質的文化中心計畫，惜因後來國家財源緊縮，未能繼續擴大增設，僅在駐日本代表處設有台北文化中心的單位，殊為可惜。

二、國家文化藝術基金會的業務

一九九二年七月頒布施行的《文化藝術獎助條例》，對於扶植國內藝文團體，獎助參加國際藝術活動，具有重要的意義。由於有了法源的依據，文建會不但擴大其扶助國際性表演藝術團隊的計畫，訂定中長程的扶植方案，而且積極著手促成國家文化藝術基金會的成立，以落實藝文獎助的基礎，進而改善國內的文化藝術工作環境。《文化藝術獎助條例》第五章明確規範有關租稅優惠的方式，例如第二十七條：「捐贈國家文化藝術基金或省（市）、縣（市）文化基金者，視同捐贈政府」〔按：文建會曾經協助各縣市文化中心成立縣（市）文化基金會，並撥助部分創設基金〕；又第三十條第一項：「經認可之文化藝術事業，得減

免營業稅及娛樂稅。」

《文化藝術獎助條例》第十六條規定：「文化藝術事業之獎助，應定期舉辦，並經國家文化藝術基金會評審之。……」所以該法第四章列舉財團法人國家文化藝術基金會的性質、主管機關、主要業務、基金來源等等。文建會亦據此法源開始分年編列預算撥贈該基金會以充實創會基金，先後曾撥給新台幣六十億元，使能順利於一九九六年元月成立。

一九九四年立法院通過的《國家文化藝術基金會設置條例》明定基金會的業務範圍為：

  *1.*輔導辦理文化藝術活動；

  *2.*贊助各項文化藝術事業；

  *3.*獎助文化藝術工作者；

  *4.*執行文化藝術獎助條例所定之任務。

關於最後一項，《文化藝術獎助條例》第二十條要求「國家文化藝術基金會，應設各類國家文藝獎，定期評審頒給傑出藝術工作者」。目前國家文藝獎的獎勵分為文學、美術、音樂、舞蹈、戲劇、建築、電影七類，每項獲獎者除獎座外，可獲獎金新台幣一百萬元。又第二十一條：「國家文化藝術基金會，應就各類文化藝術，每年定時分期公開辦理獎勵、補助案之審查作業」；第二十二條：「國家文化藝術基金會應提供文化藝術資訊及法律服務」；第二十三條：「國家文化藝術基金會，應協助文化藝術工作者，辦理各項保險事宜」。

該基金會的組織編制約有工作人員三十人，執行長下分為六

組辦事，分別為：研究發展、獎助甲、獎助乙、資源發展、行政、財務等。基金會因係財團法人，依法設置董事會，並置有董事長一人，為兼任職務。

國家文化藝術基金會每年約補助八、九百件藝文界的申請案，常態補助每年分兩期作業，於元月與六月接受申請。另有專案補助，包括表演藝術製作發表補助、表演藝術行銷平台專案補助、歌仔戲製作及發表專案補助等等。補助經費每年接近二億元新台幣。由於民間捐贈情形不甚理想，且受到近年銀行低利率的影響，所以國家文化藝術基金會的現有資源與當初設立時的預期目標頗有一段距離，因此資源發展與改進經營方式，成為國家文化藝術基金會未來發展的主要挑戰。

第十章

藝文機構的行政法人制

第一節 ▶▷ 實施行政法人制的意義

一、國內推動行政法人制的背景

　　法人是跟自然人對稱的概念，從法律的意涵來說，是指能夠承擔義務及享受法律條文所賦予的權力的個體或單位：例如依法成立的企業、公司、學校等等。

　　一般而言，法人至少要具備四個條件：(1)是經過政府依法核准成立的；(2)具備有運作業務的資金和辦理業務所需的經費（此

等資金的來源通常來自政府預算或國庫）；(3)有自己的名稱、組織體制及辦公場所；(4)能夠獨立承擔民事責任。由於法律有所謂公法及私法之別，法人依其創設所依據法律之不同，也可以區分為「公法人」及「私法人」兩大類。所以行政法人也是公法人之一種，一般對行政法人的定義，指其為國家地方自治團體外，由中央目的事業機關（如教育部或文化部）為執行特定公共任務，依法律設立而具人事及財務自主性之公法人。

一般行政法人的特色一方面在有別於公務機關的通常情形，不雇用公務人員（除非是該行政法人係自行政機構改制，基於對原有具公教人員身分的工作同仁依夕陽條款的保障；例如國立中正文化中心改制初期的情況）；另一方面是機構決策採合議制，通常有董事會決定重要的工作方針與發展政策。所以行政法人雖其主要運作資源來自政府補助，卻同時具有一般民間機構的彈性、效能及機動性。所以跟相對等的私法人：包括社團法人、財團法人、公益法人或營利法人，具有同等的競爭力，因而受到政府推動行政改革的青睞。

綜括而言，行政法人制度如運用得當，大致具有如下六項特色或業務競爭上的優點：

1. 人事制度與待遇的彈性化（包括不必經公務人員考試管道晉用館內專業人員）；
2. 財務運用的自主性較高，且資金來源多元化；
3. 以中程計畫目標及年度評鑑為績效考核依據；
4. 依權責授權分層負責，利於企業化營運；
5. 擺脫政府科層體制的拘束，相對具有較高優勢的國際競爭

力；

6. 同樣可施用於一董事會數機構（一會多館）如同美國大學系統（university system）的情況。

二〇〇二年行政院開始推動組織改造，為強化公務機關的成本效益及經營效能，以試辦行政法人制為其重點措施之一。在藝文機構方面，國立中正文化中心（兩廳院）被優先考慮；於二〇〇四年三月開始改制為行政法人，仍然接受教育部的監督。但是《行政法人法》卻是遲遲到二〇〇九年才經行政院院會通過，二〇一一年四月正式經立法院完成三讀程序，並由總統公布施行。

二、日本實施行政法人制度的經驗

日本雖然是在一九九六年橋本內閣時期才開始推動行政改革方案，將具有獨占性業務或者對穩固經濟安定有重要性的業務，不再完全由政府一手包辦；將不便委託民間承辦的部分業務改由政府可以充分監督的獨立行政法人接辦。經過充分協調，一九九九年日本國會通過《獨立行政法人通則法》，首批有八十九個機構及事業機關被指定先行改制為獨立行政法人。二〇〇一年有五十七所美術館、博物館、研習中心、教師會館、青年之家完成改制，其機構選擇性的考慮是這些單位的日常業務都有收入。二〇〇四年日本厚生勞動省所屬的公立醫院也開始改制為獨立行政法人。最令關心行政法人制的觀察者刮目相看的是二〇〇四年四月日本八十九所國立及公立大學依其改制為國立大學法人。經過六年全面實施，文部省（教育部）於二〇一〇年進行中程計畫完成

後的檢討改進，大致肯定試辦成效良好。

日本國立大學實施行政法人制的模式大致為：(1)每一大學分別設立法人機構，執行長為法人運作的權力中心，並由幹事會及經營協議會襄助，共同推動業務；各校校長職權如同公司裡的總經理、藝文機構的行政總監、基金會的執行長，負責校務發展的推動及策劃；(2)傳統大學掌握決策大權的參議會或教授會，由教育研究評議會取代，成為審議教學與研究重要政策的機制，退居為審議或諮議單位，其影響力因而縮減；(3)實施第三者評鑑制度，徹底公開大學資訊；教職員工與法人化的國立大學成為勞動契約關係，不再是國家公務員（但實施前已在校者，享有夕陽條款的保障，如繼續在同一學校服務，依然享有原來公務員身分）；(4)文部科學省（即教育部）整筆撥給學校年度預算（但每年減列百分之一），該項補助費不再像往年細列科目並逐項管制，其年度剩餘無須於年終繳回；而是採大科目方式，年度結餘得留用於以後年度繼續使用。

截至二○一○年中程計畫結束時的檢討，日本一般國立大學的反映為：

在人事方面：雖然因為人事預算縮減，多數學校聘用的教職員數普遍減少，所以無論教師的教學負擔或職員的行政負擔皆有增加；但是透過個別聘約的協議，待遇差異拉大，學術聲望較高或專業能力特別受青睞的老師及員工，比原來平均待遇額度提升拉高，尤其是對國際一流人才的爭取，各校常不遺餘力，以高薪號召。

在財務方面：各大學積極開發新資源，爭取外界捐贈、建教

合作、申請專利，提高學費或利用校內設施收取使用者的付費。六年來，日本國立大學來自外界捐款約增 1.6 倍，建教合作及接受委託專題研究等的收入約增 3.6 倍；大學法人成立的公司數也大幅成長約九倍，可見日本大學對開源的重視。

在校際差異方面：由於教育資源（學生、社會捐贈、一流師資等等）究竟有限，大學校際激烈競爭結果，自然有優勝劣敗情事。若干院校兼任教師比例因而偏高，以補財務上的拮据，但卻造成雪上加霜，陷入招生不足之困境。

第二節 ▶▷ 兩廳院實施行政法人制的檢視

一、國立中正文化中心運作架構

設置於中正紀念堂園區（亦稱自由廣場）的國立中正文化中心簡稱兩廳院，雖然以兩棟傳統中國宮殿式建築為主體，實際上卻包括四個表演廳堂：大約 1,520 席位的戲劇院、大約 2,070 席位的音樂廳、約 380 席位的演奏廳以及約 180～240 座位（依排演需求調整）的實驗劇場。當然國家交響樂團（NSO）也以國家音樂廳為根據地。多年來愛樂及愛好藝文節目人士皆習慣稱中正文化中心為兩廳院。

兩廳院建築於一九八〇年動工興建，一九八七年十月三十一日隆重開幕。自此開始，兩廳院成為台北市文化觀光的地標，也

是台灣地區最耀眼的表演藝術殿堂。但從文化政策意義上說，兩廳院是台灣地區最早實施且累積不少運作行政法人經驗的機構，值得在本書略加介紹。

二〇〇四年元月，立法院通過《國立中正文化中心設置條例》，同年三月一日兩廳院正式改制為行政法人，並繼續接受原所屬機關教育部的監督。為配合行政法人的組織型態（當時《行政法人法》尚未經立法院通過），兩廳院隨即成立董事會及監事會，十五位董事及三位監事皆由教育部遴選小組建議、由行政院長聘任，並指定其中一人為董事長（無給職）。兩廳院的主要運籌及對外代表人是行政總監及二到三位的副總監（任期係三年一聘，得續聘連任，皆為有給職）；總監及副總監人選由董事長向董事會提名，經通過後聘任。兩廳院附設的國家交響樂團也設有音樂總監兼樂團指揮一位及執行長一位，皆為有給常任職，由董事長提名經董事會同意後洽聘。

董事會置董事十五人，其中一位為董事長，任期皆三年；另置監事三位，其中一位為常務監事。習慣上，常務監事由監督機關（教育部）會計長兼任，同時為方便配合監事稽查業務，董事會中聘有稽核兩位，為常設職務。

行政總監除有副總監襄助外，轄下尚有五個部門：

1. 企劃行銷部：辦理節目行銷及演出（包括辦理自製及外租節目）；
2. 推廣服務部：利用兩廳院場地，必要時配合其他場地，辦理表演藝術推廣活動，例如青少年暑期音樂及戲劇夏令營；
3. 演出技術部：確保演出設備的運用順暢、劇場燈光音響的

控制、鋼琴調音維護等等；

4.總務行政部：停車場、洗手間、花園庭院、各層展示空間及公共廊道的清潔維護、全院財產的登錄保管、建築及器材的維修等等；

5.圖書出版部：有關兩廳院出版品及各類年度報告、表演藝術期刊的出版編纂事宜。

此外，類似其他業務機關，兩廳院尚有財務室（會計室）及管理室（秘書室）兩個行政單位。

二、兩廳院改制為行政法人後的重點措施

國立中正文化中心改制的主要依據為二〇〇四年元月二十日總統頒布的《國立中正文化中心設置條例》，隨即進行人事改組。當時納編員工為二百二十五人，除有接近二十位舊員工依其志願（據夕陽條款保障）繼續以教育人員或合格公務人員留用外，約有兩百一十位左右舊同仁重新改聘為約聘人員，依新聘約起聘（享有年終獎金及一般企業機構的績效獎金）。教育部作為監督機關，也組成績效評鑑委員會，每年對兩廳院的業務績效（針對所訂營運指標及績效量化要求），組成評鑑小組前往兩廳院實地進行業務的瞭解及第三者評鑑。其結果不僅公開於網站，並作為下年度對兩廳院補助的重要參考。

兩廳院的董事會每三個月固定開會一次，並依實際需要加開臨時董事會議。兩廳院日常運作依組織條例，行政總監對外代表

中正文化中心，所以也是行政總監率同有關行政幹部列席立法院接受質詢。兩廳院訂有一大厚冊的「內控制度及核決權限手冊」，以應分層負責及充分授權的平衡要求。例如中心自製或外邀節目如其單項預算超過一千萬以上，均須提董事會審查討論。又如中心內部一級主管的調整，也經過提董事會核備的程序後始生效。

在台北的兩廳院所屬國家交響樂團，約有團員百位，皆經公開遴選，採約聘方式。另有行政人員約十位，分企劃行銷組及演出行政組辦理日常團務，接受常任職的執行長指導。兩廳院的音樂總監兼樂團常任指揮負責樂團平日的訓練工作，有時也由客席指揮協辦其事。國家交響樂團的年度預算接近兩億元，以民國一○二會計年度為例，歲出經費 186,012 千元，教育部補助款 106,312 千元，自籌款 58,300 千元，占 31.34%。較之民國九十五會計年度，自籌款才達 18.60%，當年，教育部補助款為一億五千萬元。國家表演藝術中心設於台中國家歌劇院亦另置有一專業化的台中交響樂團，以台中歌劇院為基地，有經常性演出。

三、兩廳院試辦行政法人制的績效

國立中正文化中心在國內率先試辦行政法人制度，為期接近十年，二○一四年政府裁撤國立中正文化中心，兩廳院納入新成立的行政法人國家表演藝術中心，由整合後的單一董事會依據設置條例的授權，接受文化部的監督，運作所屬各館舍業務。國家表演藝術中心係依民國一○三年一月總統公布的《國家表演藝術中心設置條例》設置，採單一董事會同時營運管理三機構的新制：

除了台北市的國家戲劇院和國家音樂廳外，還納入高雄市的衛武營國家藝文中心（二〇一八年十月十三日啟用開幕）及台中市的國家歌劇院（二〇一六年九月三十日啟用開幕），繼續以行政法人體制運作營運。

行政法人的優勢首先在財務運作的彈性，證之兩廳院的資料，可以獲得有力的佐證。教育部對兩廳院的年度補助，民國九十四會計年度為 640,000 千元，滿三年後，依政策要求每年減 3%，連續三年，其後又繼續削減，至民國一〇二會計年度只有 394,122 千元。如果包括國家交響樂團的補助，九十四會計年度，教育部對兩單位共補助 748,369 千元，至民國一〇二會計年度則為 500,434 千元，減幅非常顯著。但是由於兩廳院的自籌收入大幅提升，由九十四會計年度的 263,706 千元到民國一〇一會計年度的 442,736 千元，所以每年皆有積餘。截至二〇一二年，兩廳院除轉型初期政府撥補的台幣 10.33 億作業基金外，又增加了 15.62 億元，所以兩廳院已累積存有作業基金二十五億六千萬元以備不需之用。

兩廳院近十年來邀聘了不少人才，其中專才不少，由於較偏重專業造詣，且不一定要具備公務人員資格；進用程序公開化，薪資待遇合理化，有工作獎金制配合，專業職級間待遇差異較大，且平日充分授權，以實際表現及工作績效考核，所以有利於吸收表演藝術領域的優秀人才。對於高階專家級（如音樂總監）更具有國際競爭力，享有優厚條件，與大學的講座教授遴聘方式一樣，充分授權董事會的裁量。聘約條件悉依邀聘者與受聘者雙方磋商協議，享有非行政法人機構做不到的彈性。

除了專業人才邀聘，兩廳院在製作大節目（特別是歌劇）、

主辦大活動（如國際藝術節之類）、邀請世界頂尖表演團體來台演出，或者與國外對等機構合作製作節目，常是不計成本、只問效應及影響。因為從規劃、洽商、討價還價到最後敲定，特別是跟鄰近地區劇院處在競標地位時，如果沒有彈性的授權機制及董事會的充分信任，而是逐級簽核、事事開會協商的話，可能是無功而終。兩廳院這些年來，表現深受肯定，除有勇於任事的決策人員外，應歸功於行政法人制度的優點，此一事實不宜忽略。

第三節 ▶▷ 推廣行政法人制的探討

目前國內在行政法人制度的推廣，集中於藝文機構及科研機構（如國防部監督的國家中山科學研究院、教育部的國家運動訓練中心、科技部監督的國家災害防救科技中心等）。高雄市政府屬下的專業文化機構亦於二〇一七年之後，開始試辦行政法人制度，如高雄市立歷史博物館、高雄市立圖書館、高雄市電影館等。高等教育機構方面，雖間有倡議，迄今尚無任何大學實施行政法人制度。

國立教、科、文機構被考慮改制為行政法人，應著眼於該機構專業特性較高，不太合適於當前官僚體制或人事、會計及文官待遇體系。換言之，這類機構必須透過組織、人事及財務制度鬆綁，強化成本效益及經營效能，才能具有國際或地區競爭力。當然，行政法人制如果沒有適當的規範、監理及第三者績效評鑑，也有可能發生弊端或有浪費公帑情事。尤其是董事會的組成，如

何兼顧賢能度及專業性最為關鍵所在。不論是一會（董事會）或一會多館（如國家表演藝術中心），董事會要確實掌有預算分配權及財務監督權，還有對所屬單位（包括各館及中心）年度績效評鑑權，否則董事會功能無形被架空；但是董事會董事的產生，必須遵守超越現實利益或地域分配型態，授權公正而專業的遴選委員會向監督機關建議參考名單。除了董事會的稱職及效率，行政總監及音樂（或藝術）總監的專業資歷、人格特質及領導風格也一樣是關鍵性的因素。董事會對總監的充分信任及授權是藝文機構進步的動力，最近幾年兩廳院的績效良好，最後所提的一點是關鍵的因素。

全球視野的文化政策

歐洲聯盟的文教政策

第一節 ▶▷ 歐盟的形成及其決策機制

　　二〇〇五年元月十八日,世界最龐大的航空器——空中巴士三八〇型客機在法國、德國、英國與西班牙四國元首的見證下,於法國南部杜魯斯市機場露面。這部幾乎被視為「空中樓閣」的新型客機,經六千餘名工程師、設計師費時十年(1995-2005)的研究發展,終於「夢想成真」,並經試飛成功,隨後參加二〇〇五年六月的巴黎航空展。空中巴士三八〇可載客八百人(平常為五百五十人),展翼寬達八十公尺,高度二十四公尺(約七或八層樓高),長度七十三公尺,續航力一萬四千二百至一萬六千二

百公里，已正式載客服務，新加坡航空公司利用此型航機飛行新加坡—雪梨與新加坡－巴黎航線。空中巴士三八〇的出現，不僅在航空史上有高度意義，更代表西歐四國的研發合作與共同投資（初期投資一百零七億歐元），將成為美國航空霸主波音公司的市場勁敵。事實上，空中巴士與波音系統在世界市場上一直是互別苗頭。

　　歐洲聯盟的成形是二十世紀國際政治最有意義的歷史大事。目前歐盟二十八會員國的人口高達五億八百萬人（2012 年），遠超越美國的二億九千餘萬人，其國民生產毛額的總值接近全球總值的三分之一，同樣超過美國而成為全球最大的單一市場。歐盟國家的總面積達四百三十八萬平方公里，多數國家皆相當富庶，屬於已開發國家，所以歐盟二十八國的平均國民所得高達 36,393 美元（2014 年）。歐元（Euro）自二〇〇二年正式流通後，成為世界強勢貨幣，取代了美元在世界貨幣金融市場一部分的地位。歐洲原是種族問題極其複雜、語言紛雜（歐盟的官方語言現已達二十四種）；在二十世紀前半葉曾經引發兩次世界大戰，巴爾幹半島素被視為世界火藥庫；在一九九〇年蘇聯垮台前，華沙公約組織國家與北大西洋公約組織國家一向是對峙著，也曾經劍拔弩張，如今卻組成泛歐聯盟，推動歐洲憲法（二〇〇九年的《里斯本協約》），並有共同的聯盟國歌及共同旗幟。在舒曼（Robert Schuman, 1886-1963）、莫內（Jean Monnet, 1888-1979）等先知推動歐洲整合初期，就如同空中巴士三八〇一樣，曾被視為「空中樓閣」的夢想。但是從一九五一年德、法、義、荷、比、盧六國簽訂《巴黎條約》，決定成立歐洲煤鋼共同體（European Coal and

Steel Community，簡稱 ECSC）起，經一九五七年催生歐洲經濟共同體（European Economic Community，簡稱 EEC）與歐洲核能共同體（European Atomic Energy Community，簡稱 EURATOM）的《羅馬條約》，一九七三年英國、愛爾蘭、丹麥成為會員國，一九八五年的《單一歐洲法》（Single European Act），一九九二年的《馬斯垂克條約》；不僅使歐洲整合的構想逐漸浮現，世人慢慢相信夢想可以成真；而且歐洲也從此避免大型戰爭的蹂躪，看到幾乎是世仇的法國與德國兩國元首，每年至少兩次會面，策商歐盟大計，凡是熟悉歐洲近代史的人豈能不為之感動？

一、歐洲聯盟的形成

　　歐洲聯盟理念的塑造，起先是政治性的。消極方面希望減少國家間及族群間的衝突，避免戰火的蹂躪；積極方面，誠如邱吉爾首相（Winston Churchill）於一九四六年九月在瑞士蘇黎世大學演講時提出「歐洲合眾國」（United States of Europe）構想時所強調——最終實現歐洲的政治整合，建立一個以歐洲多姿多彩文化為基礎的歐洲聯邦，此所以歐盟憲法草案成為世界新聞焦點。一旦有了一部共同的歐洲憲法，且有歐洲總統與外交部長，加上歐洲中央銀行與共同貨幣——歐元，國界邊境亦透過《申根公約》而漸解凍，一八四八年雨果（Victor Hugo, 1802-1885）的夢想「歐洲聯邦」，豈不是已經相當接近？

　　當前研究歐洲整合的學者多數著眼在經濟層面，探討歐洲二十八國如何透過經濟上的共同利益與互補關係，促成今日的歐盟

模式;事實上,歐盟的教育與文化政策同樣是推動歐盟成形的動力。只有在教育上逐步塑造「知識歐洲」,特別是目前漸見成果的「歐洲高等教育區域」,歐洲的整合才能凝聚而穩固下來。在文化方面,歐洲是世界文明的花園,各國文化分別保留濃郁的特色,繽紛瑰麗。歐盟將來不僅將成為世界經濟上的強權,而且是世界文化的「植物園」,是各地歐裔國民尋根與心理認同的原鄉,所以歐盟在文化政策上有一種使命感。

歐洲聯盟目前有二十八個國家(包括二〇〇七年羅馬尼亞與保加利亞、稍後克羅埃西亞的加入),其會員國的增加算起來相當快速。從最初加入歐洲煤鋼共同體的法、德、義、荷、比、盧六個原始會員國開始,後來於一九七三年有英、愛、丹的加入,一九八一年希臘加入,一九八六年西班牙、葡萄牙亦成為會員國,一九九五年奧地利、芬蘭、瑞典也加盟。中間停頓了九年,二〇〇四年一舉有十個東歐及中歐國家加入,包括立陶宛、拉脫維亞、愛沙尼亞、捷克、波蘭、匈牙利、斯洛伐克、斯洛維尼亞、馬爾他、賽普勒斯等。北歐國家中尚剩挪威與冰島為非歐盟會員國,西歐則尚有瑞士維持其傳統中立國地位;但是這三個國家已經成為申根簽證公約國家,可適用歐盟的共同簽證協議,跨國通行無阻。如果從跨境旅遊與工作觀點看,歐盟會員國的公民可算是享有在歐洲傳統區域內自由流動、一證到底的便利。

二、歐盟文教決策的機制

歐盟國家的文化與教育政策,在很多方面有其一致的步調與

共同的立場，這些共識、協議或執行方案的確立係透過若干協調機制，下面就較重要的機制列舉說明：

(一) 歐洲（包括歐盟）文化或教育部長聯席會議

最近十多年，歐盟會員國的教育部長或文化部長每隔一年或隔兩年總集會一次，就某特定議題深入討論，並達成協議，或確定一項方案。以文化部長聯席會議為例，歐盟的文化部長最早係於一九八二年集會，一九九〇年集會時，決定「歐洲文化月」的方案。又如教育部長的聯席會議也很頻繁，一九九九年六月在義大利波隆那舉行教育部長高峰會議，有二十九位教育部長出席會議，簽署《波隆那宣言》，在歐洲高等教育政策的整合上發生深遠的影響。這些文化部長或教育部長的聯席會議，雖然很多係歐盟部長理事會（Council of the Ministers）邀集，並邀約若干非會員國相關部長參加或列席；但是在多數情況下，也有由其他國際組織（如聯合國教科文組織、歐洲理事會等）所邀請。例如早於一九七〇年，聯合國教科文組織就曾邀請各國文化部長到義大利威尼斯集會，一九七二年在芬蘭赫爾辛基召開歐洲教育部長會議（也由聯合國教科文組織召集），歐洲理事會曾於一九七六年在挪威奧斯陸舉行第一屆歐洲文化部長會議。

(二) 歐盟執委會文教總署

歐盟的行政體系應該是執委會（European Commission），設立於一九五八年，目前有二十八會員國，其總部設於比利時的首府布魯塞爾，但有部分辦公室設置於鄰近國家盧森堡。在二〇

四年東歐中歐十國加入歐盟前，執委會有十八位執行委員（commissioners）任期五年，位高權重，其中一位是教育、文化方面的執委，過去由盧森堡籍的雷汀（Viviane Reding）擔任，雷汀女士在二○○四年二月曾到台北接受輔仁大學榮譽博士學位。執委會有將近二萬人的專職幹部，由執委會主席統籌指揮。執委會內設有很多業務分工的署，署長（director-general）為事務性主管，例如文教署下分五處：A 處：主管各級教育政策；B 處：終身學習與職業訓練計畫；C 處：文化與傳播；D 處：青年事務、體育運動及公民陶冶；E 處：資源利用。目前 The European Commission 主席係由盧森堡卸任總理容克（Jean-Claude Juncker）續任。執委會顧名思義在執行（包括規劃、協調與評鑑）歐盟的政策性方案，因為年度預算一千四百億歐元（二○一○年）握有歐盟的財務資源，不但有年度預算可資運用，且有逾千專家與具專業能力的行政人員，因此運籌自如，例如：歐盟執委會的行政官員就曾到過台北宣傳「伊拉斯莫世界方案」（Erasmus World 或 Erasmus Mundus Programme）。歐盟執委會於二○○九年宣布，從二○○九至二○一○年的伊拉斯莫世界方案，以就讀雙校碩士學程或雙聯博士學程為主，共錄取了九千九百四十六名學生與學者給予獎助金，其中有八千三百八十五名是從歐洲以外的地區到歐盟國家研究或就學。

(三) 歐洲議會（The European Parliament）

一九五二年設立，總部設於布魯塞爾。歐盟自一九七九年開始，依會員國人口比例，由各國選民普選歐洲議會議員，任期五

年，目前有七百五十一位。各會員國產生的歐洲議員依人口比例產生——德國有九十九位，法、英、義有八十七位，西班牙有六十四位，最少的如愛爾蘭有十五位，盧森堡、馬爾他、賽普勒斯及愛沙尼亞等小國各為六位。二○○七年六月配合會員國擴充，議員人數增加到七百三十六位。透過黨團跨國籍運作，主要有社會黨團、基督民主黨團（保守黨）、歐洲國家聯合黨團、國家左翼聯盟黨團等等，也有綠黨黨團。議會設有秘書長及主席（議長），且有近四千的職員（包括為數龐大的譯員群）。歐洲議會的決議對各會員國沒有約束力，只有建議權與宣示的意義；但對執委會因為審查其預算及通過重要人事案，自然有約制的權力。

歐洲議會因為採多數決，所以較無大國與小國的問題。在決議方面有實質效果的前述部長理事會則依議案性質採取下列三種方式之一：

1. 第一種方式為一致決，也就是全體無異議通過，凡是極為重要的議案均採此方式；
2. 第二種方式為單純的多數決（single majority），一般議案採此表決方式；
3. 第三種方式為依比重的多數決（a qualified majority），或稱條件的多數決。目前人口較多的國家，例如法、德、英、義均擁有二十九票的份量，西班牙為二十七票，波蘭、羅馬尼亞十四票，荷蘭十三票，比利時、希臘、捷克、匈牙利、葡萄牙為十二票的比重，瑞典、奧地利、保加利亞為十票比重，丹麥、芬蘭、愛爾蘭、立陶宛、斯洛伐克為七票的比重，盧森堡、賽普勒斯、愛沙尼亞、拉脫維亞、斯

洛維尼亞則有四票，馬爾他則只有三票（Renout, 2008: 192）。此次歐盟憲法草案中列有條文規定歐盟有關文化的決議必須採取比重多數決，而且所獲同意票數應占全體會員國的55%，這些投同意國家的人口總數應代表歐盟會員國總人口數的65%以上；可見，文化議題為歐洲整合的重大課題。

(四) 歐洲理事會與聯合國教科文組織制訂的公約

歐洲理事會（Council of Europe）係一九四九年五月成立於法國阿爾薩斯省（Alsace）的史特拉斯堡（Strasbourg），現（2014年）有四十七個會員國，歐盟會員國皆在其中，會員國人口總數超過八億，教廷及美國、加拿大、日本、墨西哥等非歐洲國家為該理事會的觀察員。該理事會有部長委員會、地方與區域首長議會（The Congress of Local and Regional Authorities）、會員國國會代表議會（The Parliamentary Assembly）、總秘書處、歐洲人權法院（European Court of Human Rights）等。歐洲理事會也設有四個署（Directorate General），第四署主管文化、教育、青年、體育、電影、語言事務。歐洲理事會以保障人權、推動議會民主體制為使命，在文化上強調文化多元性的維護，經常檢視各國文化政策，推動文化觀光，舉行文化部長高峰會，並發表《文化公約》（European Cultural Convention）。目前歐洲聯盟推動的歐洲文化首都方案，即歐洲理事會於一九八五年舉行文化部長高峰會議的產物，後來得到歐盟的合作與支持。

聯合國教科文組織（UNESCO）的總部設在巴黎，現有一百

九十五會員國，九個準會員國（2014 年）。在教育方面，該組織宣導終身教育不遺餘力，在文化政策方面則強調智慧財產權的保護、文化資產的維護。一九七二年 UNESCO 通過《保護世界文化和自然遺產公約》，一九七七年 UNESCO 正式設置一個世界文化遺產委員會（World Heritage Committee），有委員二十一人，每年審議新增世界文化遺址〔二○一七年度有二十一處被指定為世界文化遺址或世界自然景觀保護區（文化性遺址十八處，自然遺址三處），至今義大利有五十三處，中國大陸有五十二處，西班牙有四十六處〕。此外，教科文組織也經常召開全球性文化或教育高峰會議，在文化政策上有「公約」（convention）的共同宣示，例如二○○六年該組織通過《文化表現多元化的保護與推展公約》（Convention on the Protection and Promotion of the Diversity of Cultural Expressions）。

(五) 歐盟支持的文教社團推動的政策

歐盟雖然有執委會龐大的行政組織，但是不少重要方案係由一些該組織認可與支持的社團、學會、基金會協助推動，這些社團中較活躍的如歐洲大學協會（European University Association），每年至少舉辦兩次大型高等教育論壇，每兩年配合教育部長高峰會議舉辦一次歐洲大學地區校長會議。該協會也致力推動聯合學位課程（joint degree programs），曾於二○○三年十月在羅馬尼亞舉辦規模盛大的聯合學位研討會。目前碩士學位階段的聯合學位課程在歐洲大學已相當流行，博士課程的聯合學位雖尚未普遍，但在歐洲大學協會策劃下已有相當數目的歐洲大學在

試辦中。

第二節 ▶▷ 歐盟文教政策的主要內容

一、歐盟文教政策的課題

歐盟的發展能夠如此順暢，背後有一股強勁的推動力量，就是藉助西歐大國，特別是法、德、義、西、英等國力的整合，提高其在全球化市場上的競爭力，這種競爭的範疇已不局限於經濟上的，尚包括科技、高等教育、影視產業、文化觀光、學術研究、通用語文等等方面，下面略加闡述。

(一) 歐洲高等教育在全球化教育市場的競爭力問題

十九世紀末期至二十世紀初葉，歐洲的傳統大學是世界各地學子——特別是北美歐裔子弟留學的重鎮，美國高等學府的師資主要來源幾乎是留英、留德、留法的學人，美國第一所研究型大學約翰霍普金斯大學（John Hopkins University）係以柏林大學為範本，長春藤大學也深受英國牛津、劍橋兩大學的影響。然而經過七、八十年之後，美國高等學府不僅在數量上凌駕歐洲，在學術研究質量與學校規模上皆凌駕西歐地區多數大學，而且因為獎助學金機會與研究設施的優越條件，吸引了很多歐洲地區、特別是第三世界（亞、非、南美地區）的學人與學生，所以近十多年

來，法、德、英、西等外國留學生人數漸降。為挽救頹勢，各國政府莫不檢討國際文教政策，例如法國政府於上世紀末成立法國國際教育總署（Agence EduFrance），專責推動獎勵外國學生到法國留學的政策。誠如歐盟文教執委費格（Jan Figel）所指出：「歐洲不可能以廉價工資在世界市場上競爭，我們只能以知識競爭。」所以建設「知識歐洲」成為歐盟的主要使命之一，包括：(1)創造知識：透過學術研究規模；(2)傳播知識：提高高等學府的吸引力；(3)應用知識：促進創意研發。因此，大學肩負首要職責，接受全球化教育市場競爭的挑戰。

(二) 歐陸不同地區大學體制差異與學歷採認問題

歐陸大學競爭力最大的障礙在制度上不但相互之間頗有差異，而且不易與世界大學接軌。這種歷史包袱固然形成各國學府的特色，但是在同等學力的採認與學生轉學的銜接卻造成無比的困擾，常令有意入學的學生卻步。以法國為例，法國的高中畢業會考之後，就有至少兩個軌道：其一為一般大學在第二學年結束之後先有一種「高等教育文憑」，然後第三學年之後，獲學士學位（licence），再經兩年（修 120 歐盟學分後）獲碩士（Le master）學位，才進入博士課程（所謂第三階段高等教育）；但是法國的菁英教育卻是在高中會考後，在明星高中修讀類似大學預科，為期兩年，準備應考高等專門學院（grande école），經嚴峻入學競試後，尚要修業三或四年時間才畢業，進入專業領域以待平步青雲；至於技術職業高等教育則又有一套制度。所以，像法國的高等專門學院在體制上跟歐陸其他學府固然銜接困難，對美加澳地區的

大學生來說，更是非常陌生。

(三) 歐陸官方語言紛雜形成的學術溝通問題

歐洲地區族群紛雜，語言差異，導致語言問題的政治敏感性很高。所以，一九五八年歐洲共同體的協議中就注意到這點，宣示歐體今後對會員國語言一視同仁。共同體各會員國公民除有權使用母語外，歐洲共同體機構也必須以各會員國民眾使用的母語與其溝通，而且一般正式文件均須以所有共同體會員國使用的官方語文起草或公布。自此，歐盟也沿襲這個承諾與傳統，以致目前（二○一四年）歐盟的官方語文已高達二十四種之多，為方便會員國溝通，每年所需翻譯及其他支出，高達二億九千七百萬歐元。此種語言問題同樣造成學術會議上溝通障礙（雖然多數以英、法文為主要媒介）及大學教學語言的問題，例如比利時就因法語與荷語之爭而造成盧汶大學的分裂，在荷語舊盧汶天主教大學之外，另闢建法文教學的新盧汶天主教大學。

(四) 全球化衝擊下地區文化特色逐漸消失的問題

二○○四年膺任歐盟執委會主席的巴洛索說得很中肯：「沒有文化多姿多彩性，歐盟的整合就失去意義。」歐盟國家的文化傳統各有特色，不能因為整合而以犧牲文化遺產與歷史傳統為代價。然而睽諸實際，在全球化衝擊下，歐盟會員國的許多文化特色如同世界許多地區的弱勢文化系統一樣，正在消失中，猶似地方小吃的面對全球「麥當勞化」，逐漸失去地方性的特色；文學、戲劇特別是方言，都遭遇同樣的命運。歐洲地區本身也有較強勢

的文化系統與瀕於滅絕的地區文化；但是歐洲相對於世界其他文化霸權（例如美國文化系統），其多樣性的特色與悠久的地區傳統乃是歐盟的文化風格與商標。如果受到文化霸權的欺凌，歐盟即使成為日後的強權，文化上風采不再，格調異化，未免付出太沉重的代價。因此，歐盟重視文化政策不是沒有理由的。

(五) 影視產業的文化霸權與「文化例外」的貿易磋商問題

據《中國時報》報導，二○○六年二月歐盟國家文化界人士八百餘人齊集巴黎，參加「歐洲與文化對話」（Rencontres pour l'Europe de la culture），檢討如何因應美國文化的強勢入侵，如何確保歐洲文化特色的世界定位。會中當時的法國文化部長德·法伯樂（Renaud Donnedieu de Vabres）特別提到歐洲地區 85%的電影院全在放映美國拍製的影片問題，由此反映出當前全球的影視產業係在以美國為主的世界影視霸權控制下。歐盟國家為爭得一席地位，於法國領導下在世界貿易組織例行磋商中，一直堅持文化產業的「文化例外」政策。因為歐洲國家政府一向對文化產業採取補貼或補助政策，有違世貿組織強調的公平競爭原則。但是美國民間投資資本雄厚，一部美國電影動輒數億美元的拍製費，單是宣傳與行銷費用，每部電影也高達二、三千萬美元，非歐盟會員國的電影工業所能及。目前美國的影視片碟產業壟斷全球 38%市場，像華納公司確屬一種影視巨無霸集團（mega corporation），多角經營，根本不需要美國政府的津貼補助，其規模與競爭力非歐洲類似公司集團所能及。又以美國有線電視公司CNN（Cable News Network）為例，平常有八億觀眾收視，遍及世界上

二百一十二個國家，歐洲電視系統如英國的BBC，法國的第五台（TV5）雖是在政府支持下競爭，規模上亦相形見絀。難怪歐盟不能在影視產業上，就政府補助政策讓步，束手就擒，所以喊出「文化例外」的口號。

(六) 建立「歐洲品牌」以突顯歐洲文化認同的課題

　　歐洲人士對其傳統文化一直有一種民族驕傲與自信，這種文化認同感首先係基於歐洲的基督教文明為當前西方文化的源頭與傳統；其次在於體認歐洲各地區文化特質的多樣性，非大多數民族文化所能及。此外，歐洲人也普遍覺認歐洲的新文藝復興終將來臨，歐洲文化有豐厚本錢可以將本身的優越品質重現於世界舞台上。基於這種認識，他們在教育文化上喊出「歐洲品牌」（European label）、「歐洲面向」（European dimension）等口號，提醒外國人士要從歐洲觀點來鑑賞歐洲體制與文化性格的品質與價值，例如歐洲傳統大學在高等教育上自有其優點，不能從美加式寬廣校園、宏大規模角度來比較；另一方面，歐洲品牌的強調係在鼓勵自家人不宜一味仿效文化霸權的造型，而失去本身原有的特色。由此可見，文化認同在今日已成為熱門的課題（Maas, 2007）。

二、歐盟推動文化合作的政策性方案

　　歐盟在文化政策方面有若干方案正熱烈推動中，包括：

(一) 確立歐洲年度文化首都方案

　　歐盟每年分別推選一個或兩個在文化觀光方面最有特色的城市（二○○○年因逢世紀之慶例外特多），稱為「年度歐洲文化之都」（European Capital of Culture），配合辦理演藝、展覽及其他文化活動，對提高該一城市的知名度及觀光宣導很有助益。第一次的活動係由歐洲理事會倡導，一九八五年的第一屆文化首都推選，雅典雀屏中選，至二○○○年前有 Florence（義，1986）、Amsterdam（荷，1987）、West Berlin（德，1988）、Paris（法，1989）、Glasgow（比，1993）、Lisbon（葡，1994）、Luxembourg（盧，1995）、Copenhagen（丹，1996）、Thessaloniki（希，1997）、Stockholm（瑞典，1998）、Weimar（德，1999）。而二○○○年則有九個城市獲選，包括 Avignon（法）、Bergen（挪）、Bologna（義）、Brusels（比）、Helsinki（芬）、Krakow（波）、Prague（捷）、Reykjavik（冰島）、Santiago de Compostela（西）。截至二○一四年共有五十城市中選。在近年獲提名的城市中，如二○○一年的鹿特丹（Rotterdam，荷），二○○四年法國里爾（Lille），二○○八年的英國利物浦（Liverpool）及兩年後德國的埃森（Essen）雖然在文化資產上也略有可觀賞之勝，基本上卻是逐漸沒落的工業城，申請成為文化之都，除爭取歐盟資源補助外，更期待透過文化觀光宣導，引導都市再生，恢復往日的繁榮。事實印證這種文化策略也有相當成效。

(二) 推動歐洲視聽媒體產業方案

　　如前所述，歐洲對於如何在文化創意產業方面迎頭趕上美國，非常在意，特別是電視、視聽媒體產品的改進。一九八八年被定名為歐洲電影電視年，翌年歐盟通過「無疆界電視方案」，一九九〇年起歐盟開始實施媒體補助改進中期計畫，每期五年，第一期於一九九五年結束，經檢討後咸認尚具成效，所以第二期（1996-2000）也繼續推動，第三期媒體補助改進中期計畫（2001-2005），補助項目包括製片、配銷、宣傳、先鋒專案（pilot projects），五年預算為四億歐元。二〇〇七年歐盟又提出 The Media 2007 方案，執行時間也是五年（2007-2013）以加速歐洲地區視聽產業的發展，內容包括視聽專業人才的培育，影片與視聽產品的行銷與推廣，贊助會員國辦理影展之類活動。目前執行的是「創意歐洲方案」（Creative Europe programmes, 1914-2020），除了加強歐盟國家在文創產業，特別是影音產業的合作及推動相關專業人士的交流，也大力促進民間投資網路機制，鼓勵跨國合作交流及藝術作品流通。

(三) 推動萬花筒、亞里安與拉斐爾方案

　　歐盟自一九九三至一九九九年期間實施第一階段的文化實驗方案，特別是一九九六年後開辦三項先鋒專案，更具代表性。分別為萬花筒（Kaleidoscope）方案、亞里安（Ariane）方案及拉斐爾（Raphael）方案。(1)萬花筒方案係自一九九六年開始推動歐盟會員國在藝術創作及演藝方面的合作，依三年計畫編列預算約一

千萬歐元；(2)亞里安方案為圖書出版及鼓勵閱讀的專案，自一九九七年起推動初期三年的預算為八千六百歐元；(3)拉斐爾方案在保護文化遺產，特別是協助部分國家修護其國內文化古蹟的方案。

(四) 歐洲文化遺產的定期開放

歐盟在文化資產維護方面，自一九九一年實施「歐洲文化遺產日」，於每年九月選訂兩天或三天開放文化古蹟，包括很多列為古蹟或保護級紀念性建築，像巴黎市政府、參議院、總統府等供民眾參觀。這個活動最先是法國文化部於一九八四年首先發起，通常安排在九月的第三個週末（也有國家提早一週舉辦活動），至一九九九年成為歐盟及歐洲理事會共同倡導及贊助的全歐洲盛大活動，有五十個國家（非歐盟會員國也共襄盛舉）加入，同一時間開放古蹟及紀念性建築供大眾免費參觀，以顯示歐洲文化的悠久性及多元性。

此外，歐洲議會亦於二○○一年決議推動「歐洲文化區域」（European Cultural Area），但至今尚未見較具體推動策略。早於二○○四年歐盟憲法草案中，其第三章第二八○條明訂歐盟在各國文化事務上的權限在推動會員國間的文化交流合作，必要時支持與充實下列活動：(1)文化知識的提升與文化傳播的促進；(2)歐洲重要文化資產的保存與維護；(3)非商業性的文化交流；(4)藝術與文學的創作，包括視聽領域的創作，可惜，歐洲文化區域計畫的推動，一直不如歐洲高等教育區域的積極與落實。

三、歐洲高等教育區域的建構

　　歐盟在高等教育方面整合為一個共同區域的構想，最早始於一九九八年巴黎大學八百週年慶紀念會時，法、德、英、義四國教育部長共同簽署《巴黎大學宣言》（Sorbonne Declaration），決定致力推動學歷與文憑的一致化（harmonization），並提出高等教育「三—五—八」架構的體制構想：亦即在高中會考文憑後，原則上修業三年獲學士學位，修業五年（即學士後續修兩年）獲得碩士學位，修業八年後可獲博士學位。一九九九年有二十九個國家的教育部長及主管高教首長在義大利大學城波隆那集會後發表《波隆那宣言》，對前述原則有更進一步確認，並建立「歐洲高等教育區域」的共識。二○○○年三月歐盟會員國元首高峰會議鑑於全球化市場競爭與知識社會對歐洲帶來的挑戰，呼應《波隆那宣言》的想法，宣示二○一○年為達成此策略性目標的時間，屆時將使歐洲成為具有高度競爭力與生命力的知識經濟體。二○○一年歐盟教育界領袖（包括大學校長會議）在西班牙大學城薩拉曼卡集會，具體商討推動高等教育共同區域的策略，同年稍後的歐盟教育部長在捷克布拉格的會議就下列各點達成結論：

1. 採行易判讀與可比較（readable and comparable）的高等教育學制，亦即分為「三—五—八」的「學士—碩士—博士」三階段制。目前紛雜的各國高教學制，盡量配合調整。

2. 確定歐洲學分轉換累積制度（European credit transfer and accumulation system，簡稱 ECTS），將來學分經認證後可相

互承認，且為配合大學生參加「伊拉斯莫世界方案」，在學期間有一學年或一學期至其他合作學府研修，此等不同大學修習的學分可累積合算，互相轉換。

3. 改革高等學府師生跨國交流的實際條件，包括接待的安排、學費的減免與獎助、校際合作與結盟等等。

4. 建立高等教育品質保證機制，亦即在大學評鑑方面採取大區域評鑑機制，並在評鑑專家方面互相支援。目前已建立「歐洲高等教育品質保證互聯網」（European Network of Quality Assurance），與各國大學評鑑機構密切協調聯繫。

5. 推廣聯合學位課程，並以聯合碩士學位課程為優先推廣重點，俾增加大學生跨國遊學的經驗，增廣對其他國家文化的瞭解。

6. 加強高等教育與訓練課程的「歐洲面向」色調，在課程設計上鞏固歐洲文化傳統的理念，為歐洲公民在教育上奠定思想基礎。

7. 推廣遠距教學與終身學習。歐盟訂一九九六年為「歐洲終身學習年」（European Year of Lifelong Learning），二〇〇〇年歐盟執委會又提出「終身學習備忘錄」，二〇〇一年十一月歐盟執委會通過「促使歐洲終身學習區域實現」（Making European Areas of Lifelong Learning a Reality）的報告，二〇〇三年歐盟執委會又推動「終身學習區域網路計畫」，次年元月提出「教育與訓練共同目標進展報告」，預期目標訂為到公元二〇一〇年歐盟國家二十五至六十四歲人口參與終身學習活動的比率達到 12.5%。可見歐盟推

動教育發展正快馬加鞭，努力不輟。

四、歐洲區域間教育交流與合作方案

「伊拉斯莫大學生交流計畫」（The European Community action scheme for mobility of university students，簡稱 Erasmus）自一九八七年開始推展，起先有二十九國簽訂協議，目前有四十六國參加此方案，一九九四年以後與「蘇格拉底方案」合併，二○○七至二○一三年間又改稱「終身學習方案」（Lifelong Learning Programme）。該案起先每年約有十五萬大學生參與一學期至一學年跨國研習活動，在客居的大學不必交任何學雜費，且可獲得歐盟的生活補助，至今（二○一四年）約有五百萬名歐洲及第三國家的大學生受惠於此方案，到其他國家短期遊學。因為本案也包括「伊拉斯莫世界方案」（Erasmus Mundus）係開放給非歐洲國家的大學生，也有照顧東歐中歐學生的「田普斯方案」（TEM-PUS programme）或稱 Student Mobility Scheme at Eastern and Central Europe。自二○一四年到二○二○年各類大學生交流計畫又進一步擴大，包括學術專題、學位進修、體育運動、終身教育等等計畫，所以合稱伊拉斯莫綜合計畫（Erasmus plus），歐盟用於此計畫的總預算高達一百七十億歐元。

歐盟鼓勵會員國間的交流計畫，原分別有不同名稱，以中小學師生參加的跨國交流的計畫，起初稱「柯門紐斯（Comenius）方案」，一九九五年又擴大範圍整合成各級學校教育交流的「蘇格拉底方案」（European Community Action Plan in the Field of Education 或 Socrates program）。以職訓機構的師傅與受訓學員為交流對象，其中增加職業技能為目標的職業訓練合作方案稱為「達文西方案」（Leonardo da Vinci plan），職訓機構也接受到歐盟贊助。以公元二○○○年起五年的中期計畫為例，有三十萬歐洲人受惠於達文西獎學金，一千七百個合作專案受到支持，全部達文西預算約五億歐元。又如「外語教學師資交流方案」（Language and training program，簡稱 Lingua 計畫），其計畫目標在使外語教師有機會到所任教語言為母語的國家研習。還有如促進成人教育交流為目標的「葛隆維治方案」（Grundtvig program），重點在協助歐洲公民透過終身學習取得新的專業資格，並加強培養成人教育師資。此外，「米奈瓦方案」（Minerva program）為資訊教育與遠距教學合作方案，以交換遠距教學課程發展的經驗，並便利遠距教學專家跨境考察為目標。也獎助各級學校推廣教學媒體運用的實驗計畫。還有「青少年志工服務方案」（European Volunteer Service，簡稱EVS），此計畫的精神很像早期和平工作團，但此等志願到其他國家擔任義工的青少年（十八至二十五歲），在國外以吸收服務經驗為主，停留時間不長（六至十二個月），每年約有十三萬人名額受到專案補助成行。

第三節 ▶▷他山之石：代結語

　　歐盟的整合工作，從一九五二年歐洲煤鋼共同體起，至少有半世紀的歷史，最近十多年來步伐更在加速。文教交流合作的計

畫雖然自一九八〇年代後期才積極展開，亦有接近二十年時間，由於有前人高瞻遠矚，才有今日耀眼的成果。歐洲整合雖然在歐洲憲法的制訂於二〇〇四至二〇〇五年受挫，但是二〇〇七年十二月簽訂、二〇〇九年元月生效的《里斯本條約》（Treaty of Lisbon）又將向前再推進一步。歐盟今後將有類似外交部長的 The External Relations Commissioner，而且有任職兩年六個月的歐盟總統（專任），歐洲議會的功能與職權亦將加強。

其次，我們這一代正面對知識游牧族的出現，早期留學的風氣雖然在消退，但是青年學子隨著國際視野的擴大，不甘拘束於國內單一的校園，無不盼望增加遊覽及海外研習的體驗。這種趨勢不僅導致高等教育的全球化市場競爭加溫，而且也促使高等教育的課程設計（如聯合學位）及學制學位制度必須有所因應，做較彈性的調整。

第三，推動高等教育的國際化與品牌化，是今後國內各大學必須努力的方向。所謂品牌化就是要有教育特色，沒有特色的學府很難吸引國外學子前來就讀。各大學應該加強國際合作單位的企劃能力，政府也需有相當預算支持學校開拓海外市場。

第四，大學教育認證與世界接軌是當務之急。今後國內高等教育機構除了本身的評鑑資訊必須透明化，逐漸開放給世界性或區域性的評鑑組織外，亦須在學位認證上與世界專業認證機制接軌，以提高所頒發學位文憑的國際認可價值，因為今後有部分的學位或專業證書單是政府（教育部）的認證並不足夠。

第五，政府國際文教交流合作的體制化應受到重視，很多歐盟會員國皆有規模龐大的國際文教交流組織，且與外交部門密切

配合。國內的相關部會在此一領域則相當薄弱，教育部國際文教處雖稍有規模，仍非專業機構，今後有必要設置類似法國國際教育總署，或如英國文化協會（British Council）之類的體制，值得研議。

第六，積極提升視聽媒體產業的國際競爭力。今日世界影視產業市場，幾乎被文化霸權的國家（特別是美國）所壟斷，即使強勢不減的歐盟領導國家，如英、法、德等，仍然靠政府大力支持，並在世貿組織磋商中倡導「文化例外」以自保。國內視聽文化產業更有待政府相關部門的強力聲援，並實質補貼，方有足夠的競爭力。此方面文化政策的擬定迫在眉睫。

第七，加強歐洲語文的教學與實地研習。國內大學生的外語課程，一向以英語為主，第二外語素來未受到足夠重視；歐洲語文除德語、法語、西班牙語、義大利語外，亦未列入。今後為加強與歐盟關係，歐陸語言人才的培養，尤其是東歐地區語言人才的栽培，不宜忽略。至於法、德、俄語的專業訓練，亦應指定機構擴大辦理，以敷時需。

第十二章

從文建會到文化部：
文化政策的階段性與持續性任務

　　回顧我國文化政策的發展，大致可以分為三個階段：第一個階段是政府播遷台灣之前及來台後直至文建會成立前的整個以黨領政時期，文化政策的主導權在中國國民黨的文化工作會或其上級機關中央委員會主管文化作戰的部門。雖然在這階段後期一度有教育部文化局的存在（1967-1973），但是重要的文化決策仍然在執政黨的中央委員會常務委員會議。這種決策機制與一九九〇年前多數東歐社會主義國家頗為類似，文化部或各級文化行政機關本質上只是執行部門。

　　第二階段是行政院文化建設委員會成立後以迄二〇〇〇年政黨輪替的大約二十年時間，文化政策的重點在改善藝文工作環境並以振興中華文化本位的人文精神為主軸，所以扶助藝文團體、

設立各縣市文化中心、推廣藝文活動成為文化建設的中心工作，「從經濟均富到文化均富」、「建立文化大國」是經常可聽到的政策性口號。這段期間，由執政黨主導、總統兼任會長的中華文化復興推行委員會角色相當活躍；但是文建會因掌握主要文化發展方案的資源，且為內閣的一員，經常面對聲勢益形膨脹的立法院，所以不失為重大文化政策擬訂的主角。

　　二十一世紀開始的十年，文化政策的主軸轉移到台灣主體意識的強調，在文化公民權的化妝下，國內文化政策呈現另一番風貌；國家文化藝術基金會的成立，也促使文建會「另謀發展」，鍾情於文化產業的推動。二○○八年政黨再度輪替後，政府積極推動文化立法工作，配合中央政府組織改造，文化部也終於在二○一二年五月正式成立。總之，國內文化政策的重心在不同發展階段可以明顯看出推移的痕跡，然而，國內文化政策終究有其持續性任務，值得經常性的關注與資源的投入，下面試加分析。

第一節 ▶▷ 文建會成立前的文化政策

一、政府在大陸時期的文化政策

　　文化資產的保護最早成為國民政府文化政策的一部分。《古物保存法》於一九三○年就公布，一九三一年九一八事件發生，日軍又於一九三三年元月攻陷山海關，當時政府基於保護故宮博

物院的古物，於是年二月至五月將重要文物南遷至上海租界，一九三六年文物又運返北平。對日抗戰開始以後，故宮精品文物八十箱又運湖南長沙，後轉重慶暫存。勝利後以局勢不穩，遷至南京，後來又再度南遷，輾轉運到台灣，暫存霧峰。一九六四年國立故宮博物院於台北市外雙溪正式成立，這批國寶級文物再度對民眾開放。這段文物播遷的艱辛與用心，每次在故宮文物到海外展出時（如一九九八年在巴黎大皇宮的展覽），國外媒體都極重視且高度推崇，認為是政府重視歷史文物的範例。

一九三五年元月，王新命、武堉幹、孫塞冰、何炳松、黃文山、陶希聖、章益、陳高傭、樊仲雲、薩孟武等十位學者在上海發表「中國本位的文化建設宣言」，強調「要使中國能在文化的領域中抬頭，要使中國的政治、社會和思想都具有中國的特徵，必須從事於中國本位的文化建設」（王壽南，1981）。由此可見，「文化建設」一詞在七十多年前就已流行，而文化政策在當時也受到學術界的意識與重視。

政府有計畫地推動文化建設，要以一九三四年發動的新生活運動為最早。新生活運動本質上為一種民族文化本位的現代化運動，提倡這項全國性社會運動的國民政府蔣中正委員長指出：「新生活運動，就是要使我們全部生活，都合乎禮義廉恥。」在《新生活運動綱要》中界定：禮是規規矩矩的態度，義是正正當當的行為，廉是清清白白的辨別，恥是切切實實的覺悟。抗戰期間，新生活運動雷厲風行，強調日常生活的整潔、勤樸、確實等固有德性。

政府撤守到台灣之前所頒訂的《中華民國憲法》，在第十三

章「基本國策」第五節，自一百五十八條至一百六十九條，與教育文化特別相關。其中第一百六十四條明定：「教育、科學、文化之經費，在中央不得少於其預算總額 15%，在省不得少於其預算總額 25%，在市縣不得少於其預算總額 35%。其依法設置之教育文化基金及產業，應予以保障。」又第一百六十六條宣示：「國家應獎勵科學之發明與創造，並保護有關歷史文化藝術之古蹟古物。」自文化政策觀點看來，具有重要意義。

二、政府遷台初期的文化政策

台灣光復後，政府非常重視地方史料的維護保存，所以自一九四八年成立「台灣省通志館」、翌年改稱「台灣省文獻委員會」後，各縣市接踵成立縣市文獻委員會，並分別出版地方文獻的刊物，如台北市文獻會的《台北文物》，台南市文獻會的《台南文化》，算是縣市文化中心成立前致力於地方史料保存的單位。後來，政府先後成立五所社會教育館，也是早期與地區藝文活動有關的機構。

一九六六年毛澤東發動「文化大革命」，成為中國大陸空前的文化浩劫。蔣中正總統在當年十一月國父一百零一誕辰紀念日，發表「中山樓中華文化堂落成紀念文」中，昭示倫理、民主、科學為中華文化的基礎，並訂定每年國父誕辰紀念日為中華文化復興節。次年七月，先總統又發起中華文化復興運動推行委員會，並自任會長，委員多為黨政首長與社會名流。此外，同年並在教育部成立文化局，其主管業務包括圖書出版、廣播電視、電影事

業與文藝工作，並任命王洪鈞教授為局長，先後有五年八個月的時間。一九七三年七月該局突遭裁撤，主要業務歸併於行政院新聞局，另有小部分職掌併入教育部社會教育司。

一九七二年蔣經國院長接掌行政院後，積極規劃推動十項重大工程建設，引導台灣地區的經濟起飛。一九七七年九月蔣院長在立法院施政報告中，鄭重宣布政府在十項建設完成後將進行新的十二項建設，其中一項即為文化建設，計畫在五年內分區成立每一縣市的文化中心，當時擔任政務委員的人類學者陳奇祿先生奉命規劃其事。一九七八年十一月行政院院會通過的「教育部建立縣市文化中心計畫大綱」及同年十二月通過的「加強文化及育樂活動方案」就是具體的推動方案。

「加強文化及育樂活動方案」不僅預告行政院將成立一個統一文化建設事權的機構（即後來的文建會），並列舉多項重要政策性措施，包括成立總額十億元新台幣的文化基金（即後來的文化建設基金），每年舉辦文藝季活動、獎勵對文化有重大貢獻者（即一九八〇年創立的行政院文化獎）、檢討修訂《著作權法》及《古物保存法》、設立國立藝術學院、恢復藝術資賦優異兒童出國進修辦法、扶植推廣國劇及話劇、進行傳統藝能的調查等等，實際上已規劃出文建會成立後的主要業務輪廓。

一九八一年十一月十一日行政院文化建設委員會正式成立，陳奇祿先生亦膺任首任主任委員。文建會組織條例雖然列舉掌理全國性文化事務九條，但其職掌界定在文化政策的策劃、協調、審議與推動，實際執行的權限仍分散於內政部、教育部、新聞局、農委會等部會中。雖然自一九八七年行政院開始研議《行政院組

織法》的修訂，文建會合併相關部會文化事權業務而改制為文化部已取得共識。

第二節 ▶▷ 人文化成導向的文化政策

一、文建會成立初期的政策面向

文建會首任主委陳奇祿先生係於一九八八年七月卸任，在七年主政期間可算為文建會初期的發展奠定基礎架構，篳路藍縷，有具體的績效。除了延續「加強文化及育樂活動方案」的原有路線外；在文化資產保存方面，尤多建樹，例如促成《文化資產保存法》及其施行細則的頒訂，開始古蹟鑑定及分級指定工作，出版文化資產叢書，推廣文化維護觀念，協助教育部研訂實施《重要民族藝師遴聘辦法》。此外，陳主委任內亦曾舉辦若干受到高度評價的大型藝文活動，包括每兩年一度的「中華民國國際版畫展」、「明清時代台灣書畫展」、「紀念顏真卿逝世一千二百年活動」、「司馬光、王安石兩先賢逝世九百週年紀念活動」、「中華民國工藝中南美洲巡迴展」等。

一九八七年九月行政院院會修正通過《加強文化及育樂活動方案》，並改稱《加強文化建設方案》，作為一九八八至一九九一年度各有關部會推動文化建設的依據，因而此一方案約略可見文建會成立初期的政策面向。該方案分為十五計畫項目，如下：

(一) 充實文化機構內涵及維護文化資產

1. 建立縣市文化中心特色並充實其內容；

2. 加強維護文化資產；

3. 加強華僑文化活動之輔導；

4. 扶植全國性演藝團隊；

5. 文化機構專業人才之培訓。

(二) 提升藝術欣賞及創作水準

1. 民族音樂之提倡；

2. 美術水準之提升；

3. 文藝中心及專業圖書館之籌設；

4. 推動小型舞台藝術；

5. 舞蹈水準之提升。

(三) 改善社會風氣

1. 提倡現代國民生活運動；

2. 促進觀光旅遊事業、加強國民休閒活動；

3. 公共電視之發展與新傳播媒體之輔導；

4. 倫理建設與公民教育之加強；

5. 民俗技藝活動之推動。

二、邁向文化均富的長期發展規劃

　　一九八八年國內社會正面臨轉型與蛻變的關鍵期，政治上戒嚴與解禁（報禁與黨禁）引發社會潛在的活力，也不時爆發一些社會衝突；經濟上的快速成長，帶來繁榮與國庫相對的充裕，在教育與文化發展方面亦挹注較充沛的資源。所以政府各部門普遍重視中長程發展規劃的工作，其中尤以在郝柏村內閣時啟動的國家建設六年計畫，氣勢尤為恢宏。雖然未能貫徹完成，但卻提供文化建設一個眺望遠景的政策平台；當時文化建設的主要目標是「從經濟均富走向文化均富」，基本策略是「生活藝術化，藝術生活化」。全力改善藝術發展環境，增進國民人文素養，推動國際文化交流，全面提升生活品質。

　　一九九〇年十一月八日至十日文建會於台北市舉辦第一次全國文化會議，並於是項會議前，亦即同年六月至九月分十組舉辦四十場預備會議（這種集思「廣議」的模式亦為一九九七年六月的第二屆全國文化會議及二〇〇二年三月的第三屆全國文化會議所依循）。第一屆全國文化會議係以「邁向二十一世紀的文化建設」為主題，研討「文化事業獎助」、「地區均衡發展」、「健全社會倫理」、「兩岸文化關係」、「國際文化交流」、「長期發展規劃」等六項議題。該一會議除將所得結論分送相關部會研辦外，主要有三具體結果：其一為促成「文化藝術獎助條例」的立法；另一為文建會據研討意見研擬「中華民國台灣地區文化建設長期展望」——一九九二年至二〇〇一年（亦即文化建設長程

計畫草案）；第三項結果則為會議中的重要結論由文建會整理納入「國家建設六年計畫」文化建設方案，共有二十五方案，於一九九二年底經行政院核可，包括：

1. 東北部民俗技藝園籌設計畫（後改稱國立傳統藝術中心，設於宜蘭縣冬山河畔）；
2. 中國文化園區籌設計畫（原為月眉育樂園區計畫，後未推動）；
3. 南部民俗技藝園籌設計畫（原在高雄左營進行規劃，後預定地撥供高鐵建站使用，未能繼續推動）；
4. 澎湖縣西嶼鄉二崁村聚落保存計畫（因經費籌措無著，計畫停擺）；
5. 藝術村設置計畫（原在南投縣霧峰鄉九九峰旁進行籌設多時，因九二一地震而經檢討決定中斷）；
6. 文化資產研究所籌設計畫（即今國立文化資產保存研究中心，設於台南市）；
7. 民族音樂中心籌設計畫（因經費無著，籌備中輟）；
8. 文化專業人員研習中心籌設計畫（已停止籌劃）；
9. 現代文學資料館籌設計畫（即今國立台灣文學館，設於台南市）；
10. 視聽藝術資料館籌設計畫（後未推動）；
11. 藝術品流通中心籌設計畫（曾設立籌備處，後未能成立正式機構）；
12. 縣市文化中心第二階段擴展計畫；
13. 全國文化機構義工訓練計畫；

14.中央及地方文化基金充實計畫；

15.假日文化廣場推展計畫（併於相關計畫）；

16.文藝之家籌設計畫（未設）；

17.藝苑籌設計畫（未設）；

18.海外中華新聞文化中心籌設計畫（在巴黎、紐約設立）；

19.國際文化交流展演活動計畫；

20.國際性演藝團隊扶植計畫；

21.中書外譯計畫；

22.駐外文化機構設置計畫（方案簡化）；

23.傑出與績優文化藝術人士獎助計畫；

24.公共場所視覺景觀環境美化計畫（後未大規模推動）；

25.製作文藝性電視廣播節目與錄影（音）帶專案計畫。

在文建會編印《中華民國台灣地區文化建設方案——民國七十九至八十二年》（草案）中，該報告曾檢討台灣地區文化環境的五點轉變：(1)生活資源的充沛；(2)休閒文化的形成；(3)倫理關係的疏離；(4)知識社會的鞏固；(5)文化設施的增加。 同時又指出社會價值觀的轉變，形成下列五個現象：(1)新中產階層的崛起；(2)市場導向的價值觀；(3)立即效應的追求；(4)權利意識的高漲；(5)習於變異的態度。據此，上述方案列出文化發展的政策重點五項：(1)人文精神的宏揚；(2)文化發展的區域均衡；(3)結合民間的力量；(4)兼容並包的整合（例如提倡國語、維護方言，有系統保持各地區民俗節慶與各族群特殊習俗，提倡地方戲劇曲藝，舉辦民俗藝術節活動及籌設族群文化園區等等）；(5)傳承與創新

的契合（指民族藝術與傳統工藝方面，強調「新瓶裝舊酒」，形式推陳出新，但保留人文內涵）。

該方案第七章列述具體策略有十二點：(1)倡導人文思想與人文教育；(2)獎勵文化事業與藝文團體；(3)確立傳播媒體政策；(4)開闢休閒育樂園區；(5)導正生活禮儀與社會禮俗；(6)鞏固職業倫理與公益觀念；(7)提倡「生活藝術化」、「藝術生活化」；(8)加強社區發展與鄰里關係；(9)整合文藝界與藝術界力量；(10)加強國際文化活動；(11)維護與宏揚文化資產；(12)文化中國化理念的實踐。

一九八○年代後期至一九九○年代初期這一階段，文建會除了重視中長期發展規劃並籌設一些配合國建六年計畫的新機構與文化園區外，有若干人文主義導向的新政策措施值得列舉於下：

1. 倡導「全家一起來」親子藝文活動，並訂每月第二週及第四週為「家庭日」，要求各縣市文化中心並協調地方公私立文化機構配合，擴大辦理藝文活動（如「民間劇場」、「歌聲滿人間」、「文藝廣場」活動），鼓勵全家福老少一起參與，以擴大藝文參與人口。

2. 發動「美化公共空間」運動，自一九九○年開始在民眾出入的公共場所，包括火車站、機場（自中正機場及松山機場、台東機場開始辦理）、醫院（已在榮民總醫院、台大醫院試辦）、世貿中心國際會議中心、國家音樂廳等場所設置文化藝廊，由文建會提供藝術品流通中心收藏或洽借藝術家作品展示。

3. 自一九九二年起深入各縣市風景區及鄉鎮文化場所設置田

園藝廊，以突顯地方藝文特色（如走馬瀨農場田園藝廊）。

4. 以「戲劇列車」方式，邀請藝術團隊（如郭小莊女士主持的雅音小集）到各地高級中等學校，利用週會時間舉行小型示範演出並與學生座談，推展學校藝文活動。

5. 在觀光場地（如國賓大飯店、幼獅藝文中心）每週固定一次舉辦「中國民俗之夜」的民俗綜藝表演，提供來台觀光旅遊團體前往欣賞，認識中華文化傳統及其表演藝術精粹。並於一九九一年在紐約、一九九二年在巴黎開辦包括藝廊及小型表演劇場的文化中心。

6. 設置民族工藝獎，並定期舉辦台北國際傳統工藝大展、台北國際陶瓷博覽會，獎勵當代優秀傳統工藝名家，安排其作品至國外展示。

7. 自一九九〇年起，每年表揚文化機構績優義工，鼓勵退休人士參與文化義工訓練，加入文建行列。

8. 開發民間資源，共同致力改善國內藝文創作環境，除完成「文化藝術獎助條例」立法外，每三個月邀約三、四十個國內資源較充沛的文教基金會午餐會報，由若干藝文團體提出其構想及計畫，協調基金會贊助支援，並建立藝文資訊平台。

9. 整理方言工具書，如贊助台語（閩南語）辭典、客家語辭典編印計畫，原住民語言研究，中文字體認知心理學研究，卡拉 OK 歌詞訂正整理（以台灣小調及客家民歌為主），推動「中書外譯」計畫；每兩年舉辦中國文學翻譯國際研討會等。

10.與各地大型寺廟、教堂與公益團體（如獅子會、扶輪社）合作，利用廟會或重要聚會活動，推動改良禮俗及生活禮儀活動，倡導現代倫理（如電梯禮儀、守時活動、敦親睦鄰活動）；文建會曾製作「婚喪禮儀音樂」錄音碟宣導，可惜效果未見彰顯。

三、推動社區總體營造

　　文建會的地方文化推展策略，直至一九九四年主要停留在縣市文化中心的層次，雖然有「田園藝廊」、「藝苑」的構想與試辦方案，仍然是重點式的推廣。直至一九九四年十月向立法院提出的施政報告中，文建會借用日本社區發展工作所創用的概念「社區總體營造」，企圖進一步將文化建設落實於鄉鎮社區中，標榜地方文化產業的開發、居民公民意識的營造，並結合地方文化館的帶動與輔導，重新包裝社區文化事務，突顯社區歷史形象與識別體系，以建立新社區、新社會、新公民為長程目標。

　　從一九九五年，文建會陸續推出四個計畫：(1)社區文化活動發展計畫；(2)充實鄉鎮展演設施計畫；(3)輔導縣市主題展示館之設立及文物館藏充實計畫；(4)輔導美化地方傳統文化建築空間計畫。一九九七年文建會曾於宜蘭縣舉辦「全國社區總體營造博覽會」，俾供政策理念宣導與各縣市互相觀摩學習。兩年後又推出「地方文化館計畫」，希望透過歷史建築、閒置空間再利用等方式，運用地方文史社團及表演團體的投入，推動地方文化遊憩產業，落實文化建設在地化。

基本上，文建會推動社區總體營造有三個工作重點：其一為輔助地方政府推廣文化產業資源與特色，開拓地區經濟生機與文化活力，為地方文化產業的永續發展奠定基礎。其二為塑造地方文化意象，推動社區小型空間改造與美化工作，鼓舞社區居民的自動參與社區事務；尤其是將公有閒置空間轉換為展演場地，期能活潑地區藝文活動，提升居民文化氣質。其三則在社區藝文人才培育，因為社區文化活動主要靠居民自發自動參與，無論是藝文出版、技藝傳承、祭祀活動、文獻整理，皆重視經驗延續與人才培訓，所以社區營造在草根人才培育方面，具有特別意義。

　　除了社區總體營造方案，文建會於一九九六年推動《輔導縣市辦理小型國際文化藝術活動計畫》，協助縣市文化中心充實藝術節的內涵，平衡城鄉文化差距。一九九七年又全面啟動「書香滿寶島」文化植根運動，以多元方式辦理讀書會相關活動、辦理領導人才培訓、巡迴講演座談、出版盲人點字書籍與有聲讀本，建立「兒童文化館」網站，辦理募書捐書。以上兩項活動與社區總體營造一樣，以深入鄉鎮、活絡地方文化氣氛為目標。

第三節 ▶▷ 迎接新世紀的文化政策

一、二十一世紀前八年的政策導向

　　公元二〇〇〇年開啟的新世紀帶來台灣政治生態的劇變，第

一次政黨輪替站上政治舞台的民進黨政府在文化政策上亦有新的主軸，下面分台灣主體性的強調、文化創意產業的倡導及數位文化資料典藏三方面說明。

(一) 台灣主體性的強調

文建會於二〇〇五年三月向立法院教育文化委員會施政報告中提到：「文建會這一個階段，特別是以文化公民權的伸張及台灣主體性的落實，作為本會未來施政的主軸。文化公民權的伸張，不只要保障每一位國民對於文化教育資源享用權利，發展每一位國民的文化質能，創造台灣文明和保護各類型文化資源資產的義務。並以文化藝術活動作為溝通平台與參與管道，進一步建立台灣主體性，凝聚公民國家意識，建立一個可以包容他者、尊重差異性的共同體社會。」

「文化公民權」的理念原本較流行於多族群的社會中，為保障少數族群及外來移民同樣享有其族群文化的平等地位及運用母語的權利，文化公民權運動曾經在歐洲若干國家被刻意強調，特別是當前歐洲聯盟積極推動其會員國從經濟、政治而到教育文化進行多層面的整合，歐盟會員國公民得跨境流動，到其他會員國旅遊、受教育、就業，公民權自然而然成為論議的焦點。但是後來的文化主政機關提出文化公民權，其詮釋頗為閃爍模糊，時而強調保障公民的文化權利，時又強調社區公民在文化藝術上的義務與責任；討論文化公民權時，經常觸及台灣的族群議題，似乎隱含營造新社會、新國家培養新公民的目標。於此主題，早期的文建會一直未曾提出具體推展策略，僅止於理念宣導的層次。

(二) 文化創意產業的倡導

　　文建會於一九九五年「文化產業研討會」中提出「文化產業化、產業文化化」的概念，隨後由於歐美推動文化產業的熱絡，日韓近年在影視產業的迎頭追趕，政府對文化產業也開始重視，文建會更將文化創意產業的推動視為重點業務，全力配合相關部會辦理。

　　政府將文化創意產業界定為「源自創意與文化積累，透過智慧財產的形成與運用，具有創造財富與就業機會潛力，並促進整體生活環境提升的行業」（行政院文化建設委員會編，2004：126）。當時台灣文化創意產業的範疇包括視覺藝術產業、音樂與表演藝術產業、文化展演設施產業、工藝產業（以上主管機關為文建會）；電影產業、廣播電視產業、出版產業（以上主管機關為新聞局）；廣告產業、設計產業、設計品牌時尚產業、創意生活產業、數位休閒娛樂產業（以上主管機關為經濟部）；以及建築設計產業（內政部主管）。二〇一〇年政府正式公布《文化創意產業發展法》，希望透過獎助措施，協助文化創意事業設立，擴大文化創意產業的消費市場，積極培訓專業人才，改善創意產業環境。

　　文化創意產業發展計畫當初文建會規劃執行的子計畫共有八項，分別為：「國際專業人才來台擔任培訓與指導工作」、「藝術設計人才（創意產業領域）國際進修」、「藝術設計人才國際交流」、「規劃設置創意文化園區」、「協助文化藝術工作者創業」、「數位藝術創作」、「傳統工藝技術」及「創意藝術產

業」，執行情形因未見績效評鑑，後續發展及成果如何，見仁見智。

在上述諸計畫中，目前在規劃設置創意文化園區方面已有相當進展，文建會於二〇〇三年四月與財政部國有財產局就台北舊酒廠、台中舊酒廠、嘉義舊酒廠等規劃為創意文化園區簽訂合作經營契約，並規劃設立數位藝術創作特區、表演藝術場地、視覺藝術展場及生活藝術交易平台，並策略性扶植文化創意產業成為跨領域與資源整合的平台，台北市的華山藝文特區、松山文創園區就是其中具體成果。

(三) 數位化國家文化資料庫的建置

面對網路文化社會的逐漸形成，為利用資訊科技的特性於文化建設，文化部的前身文建會擬定了三項數位文化政策：(1)活化台灣數位文化創作與流通，以英文 e-Arts 表示，亦即建置藝術創作的網路平台，促使文藝、音樂、美術、戲劇作品在網路平台上公開；(2)發展優質的網路文化社群，以英文 e-Community 表示，帶動網民關心文化政策課題，參與藝術文化活動，同時蒐集民意以回饋文化政策，達成雙向溝通；(3)建立網路文化公民權，以e-Citizenship 表示，整合國內數位藝文資源，提供民眾多元使用文化藝術管道與生活資訊，保障每一位國民對於文化資源的分享權利，並平衡都市與偏遠地區的文化資源差距。在具體施行上，較為成形的作為是數位化國家文化資料庫的建置。該計畫始於第六次全國科技會議籌建國家影音資料庫以完整保存影音資料的建議，由文建會主辦其事，衍生此一國家文化資料庫的構想。

本項計畫的目標在建置一個以數位化方式呈現、可以透過全球資訊網（www）流通、具有開放性機制、由全民參與典藏的藝文資料庫，俾將分散在各領域的文化藝術資料加以保存、聯絡及整合，並利用網路特性和資訊技術，提供多媒體展示服務，供民眾上網瀏覽、學習或進行研究。所以資料庫一旦成立後，不但可減輕研究人員或利用者蒐集資料的繁重負擔，更可經由使用者的回饋而成長累積。此外，加值業者亦可運用資料庫做多樣化的開發，創造商機；尤其是各級學校教學亦可利用此等資料充作補充教材，或由教師指定學生課外作業運用。

二、文化部成立前的施政目標

　　二〇〇八年五月國內政府再度因政黨輪替而改組內閣，新任馬英九總統提名劉兆玄為行政院院長，並任命黃碧端為行政院文化建設委員會主任委員。新行政團隊在文化建設方面的施政重點包括：

　　1. 推動組織改造，充實文化設施：在積極推動成立文化部的同時，中央政府亦加速籌建屏東演藝廳、台中大都會歌劇院、衛武營藝術文化中心、流行音樂中心、故宮南院工程及辦理縣市文化中心整建工程。

　　2. 扶植文化產業，形塑文創品牌：文建會除了繼續推動創意文化園區及工藝園區，輔導縣市成立創新育成中心，協助業者進行研發、生產、行銷等合作開發，以提振藝文產業。

　　3. 規劃「文學著作推廣計畫」，提升閱讀風氣：推廣文學好

書，進行中書外譯與編纂台灣大百科全書，提供國人多樣化文學閱讀方式，並讓國際人士認識台灣文學資源的多姿多彩。

4. 活化文化資產，厚植觀光資源：推動國定資產保存、管理維護及再利用工作，響應推動國際文化遺產日、成立台灣世界遺產潛力點與推動委員會，擴增保存科學修護研究知識庫、建置無形文化資產資料，加強培育文化資產專業人才。

5. 推動台灣生活美學運動及公共空間藝術再造計畫：配合教育部移撥原社會教育館交由文建會接管，加強文建會前已推動的全民美學素養計畫及美化公共空間方案，積極提升民眾審美觀念及美化生活環境的意識，特別是配合有品教育運動，加強各級學校學生的生活品質、文化品味及生活品德觀念，使藝術進入校園。

三、文化部成立後的政策導向

文建會於二〇一二年五月終於改制為文化部後，面對社會的期待與藝文界的厚望，大力擴展部務；在資源方面亦得到中央決策層次相當優先的照顧：例如文化部的員額編制在整併部分社教機構後多達五百五十六人，民國一〇三會計年度預算數為 105.56 億元，此為文建會最初二十年員額及年度預算的五倍以上。所以文化部的同仁多能體認職責重大，上下一心，力求表現。

文化部最開始的奠基工作為部內人事的整合。因為文化部最

主要幹部的組成來自文建會及新聞局（另有相當數目的臨時人員），其出身機關的傳統及協調方式略有差異，自然需要一段時間的磨合。所以外界所觀察到的是文化部在改組初期，人事略有不穩定情形，無形中也影響新政策的推出。

文建會在改制前留下的若干舊案，特別是需要跟立法院溝通的法案，包括涉及董事會改組的公共電視法、整合國立中正文化中心與即將完工的高雄衛武營藝文中心，以及台中歌劇院為三院一會（三個中心由一董事會經營）的新行政法人機制，也就是《國家表演藝術中心設置條例》的完成三讀程序，又如《財團法人文化創意產業發展研究院設置條例》的立法，皆需文化部政務首長的行政技巧與人際協調耐力。所幸這一階段的奠基工程已大致完成。

展望文化部今後兩年的重要工程，依然艱困，特別是社會對這一個孕育二十年才遲遲誕生的新機構一直都有高度的期許，盼望至少在如下幾個面向有所表現：

第一，繼續輔助或資助有亮麗表現的國際級表演藝術團隊，以及有才華和潛力的藝術家在各專業領域為「台灣之光」爭一席之地，讓世人看到我們的存在。

第二，在海外厚植以台灣文化特色為基礎，弘揚傳統人文思想、倫理價值（仁義恕道及天人合一）的藝文中心（如已運作中的巴黎及紐約兩個中心），以宣導台灣的藝文特色與對世界多元文化的具體貢獻。

第三，以公視與華視為基礎，開闢一個國際性的雙語電視台，為台灣在世界發聲，並介紹東方傳統藝術及儒道思想，也藉此提

升國人的世界觀及文化素養。

第四，積極加強台灣在電影事業及網路短片製作的規模與效能，培養影視及音樂創作及導播人才，並建立完整的多媒體藝術資料館。

第五，國家文化藝術基金會係依據《文化藝術獎助條例》的法律基礎，由早期文建會分年編列龐大預算（以當年文建會年度預算而言）捐贈而成立，並預期第二階段取得社會資源配合捐贈過程募集另四十億台幣捐款以充實基金；惟迄未完成設定目標，有待繼續努力，貫徹初衷，以擴大國藝會贊助國內藝文活動的效能。

第六，各縣市文化中心需要整修與更新設施，此一浩大工程需要中央的策劃與輔助；目前工程進行中的幾個國家級藝文中心，運作初期將面臨相當多的營運難題，尤其是初期的財務不足及虧損問題，也待文化部未雨綢繆，隨時因應解決。

文化部的設定目標與預期效能尚待關心藝文人士，特別是部內首長與主管同仁同心協力來完成；文化部的政策導向應該是從全球視野發展出來的架構，為中華文化傳統及台灣文化特色在世界藝文舞台上開闢更大的空間。

第四節 ▶▷代結語：從經濟均富到文化均富

經濟均富是民生主義社會追求的目標，但是當一個社會逐漸衣食無虞，而且享有較多閒暇時，「超越物質的現象」就會發生。

人們將更重視生活品質,特別是生活環境的品質、休閒生活的充實,以及工作環境的人性化;在日常生活消費方面,也將強調品味、格調與主觀性靈的滿足。

拜近年經濟快速發展之賜,當前國人擁有的生活資源可稱相當豐裕,並不遜於一般已開發的工業國家,但是「富裕中的貧窮」現象卻時為學者所詬病。因為「擁有」並不等於「享有」,社會大眾的文化素養遠遠落後於消費能力,所以未能真正享有生活資源。尤其是生活空間品質低落,公共生活倫理嚴重脫節,藝文生活貧乏而庸俗,所以,推展文化均富成為當前國家建設的當務之急。

文化均富的營建,首先應從提升國民的文化氣質做起。透過人文教育的倡導,建立國民文化消費的習性,使藝文活動的消費在生活資源的運用上占有較高的比例;讓國人因為具有較高的人文素養,更懂得珍惜固有的文化資產,較能鑑賞精緻的藝術展演,更重視內心的悅樂與精神的充實;同時有較開闊的文化視野,懂得尊重其他文化系統的價值;尤其是有較圓熟的人生觀與現代化的生活理念。

文化均富也代表公平享受精緻文化的機會,特別是區域發展水準的均衡與社會階層間差距的縮短。使國人有較接近的機會享受高品質的藝文活動及發展其藝能的才華。文化均富政策表現於文化資源的合理分配,充分顧慮到文化設施的均衡配置,優先補助偏遠或文化落後地區以改善其藝文展演環境,增進平民階層參與精緻藝術的機會。

文化均富的另一意義則在享有高品質的公共生活空間。每個人的私有生活空間往往因經濟條件而殊異，但是走出家門後身處的生活空間則是公共的——包括街道、公園、市場、車站、醫院、博物館及各類公共設施，皆為人人可享有的公共環境。此等公共生活空間如果很開闊，則令人舒暢；如果悅目，則令人賞心；高雅的景緻可養性，優美的情調會覺得溫馨；尤其是人性化的公共設施，更能使民眾倍感親切。可惜的是多年來國人卻忽略了公共生活空間的美化工作，使視覺空間受到相當的污染與破壞。

　　台灣地區人口稠密，一般居民的住宅空間並不理想，所以公共空間的營造與改善，特別迫切，尤其是視覺空間為然。今日到處可見到違章建築，觸目盡是雜亂的招牌看板、庸俗的廣告海報、醜陋的鐵窗與圍牆，這一切都難以使人產生美感。尤其是對壅塞在馬路上的行人，更是一種視覺上的虐待、精神上的壓迫。所以公共空間的美化，代表「人權」概念範疇的擴伸，也是生活品質的提升。

　　經濟均富的達成，有賴合理的資源分配；文化均富的促進，則待分享觀念的建立。一位畫家提供作品以美化公共場所，一個家庭以盆花裝飾臨街的陽台，都是一種善意的表現，也是美的分享。讓我們重燃代表社會關懷的「分享」熱情，共同努力來美化公共空間，自娛而怡人，將藝術氣息帶進生活空間。

（本結語是本書作者擔任文建會主委期間主持「環境與藝術」研討會致詞稿，強調人文素養與生活品質的關聯性，充作本章結語，以強調品德、品味與生活品質不可分。）

參考文獻

中文部分

王寧（2003）：全球化與文化研究。台北市：揚智文化。

王壽南（1981）：中國文化發展的回顧與瞻望。刊於秦孝儀（主編），中華民國文化發展史。台北市：近代中國出版社，頁2203-2252。

石靈慧（2005）：品牌的魔咒。台北市：高談文化。

行政院文化建設委員會（編）（2004）：文化白皮書。台北市：編者。

行政院文化建設委員會（編）（2003）：文化土壤，接力深耕（文建會二十年紀念集）。台北市：編者。

行政院文化建設委員會（編）（2002）：第三屆全國文化會議——新世紀的文化願景。台北市：編者。

行政院文化建設委員會（編）（1998）：第二屆全國文化會議實錄。台北市：編者。

行政院文化建設委員會（編譯）（1991a）：日本的文化行政。台北市：編者。

行政院文化建設委員會（編）（1991b）：中華民國七十九年全國文化會議實錄。台北市：編者。

仲曉玲、徐子超（譯），Richard Caves（著）（2003）：文化創意產業——以契約達成藝術與商業的媒合。台北市：典藏藝術家庭。

（原書名：*Creative industries: Contracts between art and commerce*）

李璞良（譯），John Hawkins（著）（2003）：創意經濟——好點子變成好生意。台北市：典藏藝術家庭。（原書名：*The creative economy*）

李璞良、林怡君（譯），The Ministry of Trade & The Ministry of Culture, Denmark（編著）（2003）：丹麥的創意潛力。台北市：典藏藝術家庭。（原書名：*Denmark's creative potential*）

李乾朗、俞怡萍（1999）：古蹟入門。台北市：遠流。

吳密察（2002）：國家文化資料庫計畫。收於文建會（編），第三屆全國文化會議實錄——新世紀的文化願景。台北市：編者，頁 74-87。

吳錫德（譯），Jean-Pierre Warnier（著）（2003）：文化全球化。台北市：麥田。（原書名：*La mondialisation de la culture*）

林宗德（譯），Philip Smith（著）（2004）：文化理論的面貌。台北市：韋伯文化。（原書名：*Cultural theory: An introduction*）

林信華（2002）：文化政策新論——建構台灣新社會。台北市：揚智。

林崇慧（譯），Antoine Virenque（著）（2001）：法國電影工業。台北市：麥田。（原書名：*L'industrie cinématographique française*）

林潔盈（譯），Liz Hill, Catherine O'Sullivan, & Terry O'Sullivan（著）（2004）：如何開發藝術市場。台北市：五觀藝術。（原書名：*Creative arts marketing*）

花建（編）（2003）：文化金礦——全球文化投資贏的策略。台北市：帝國文化。

武斌、韓春艷（2009）：中國流行文化三十年（1978-2008）。北京市：九州出版社。

洪鎌德（2002）：新加坡的語言政策。收於施正鋒（編），各國語言政策——多元文化與族群平等。台北市：前衛，頁543-584。

施正鋒（編）（2002）：各國語言政策——多元文化與族群平等。台北市：前衛。

梁蓉（譯），Claude Mollard（著）（2002）：法國文化工程。台北市：麥田。（原書名：*L'ingénierie culturelle*）

高宣揚（2002）：流行文化社會學。台北市：揚智文化。

黃世輝（1998）：談日本區域文化產業之振興政策。取自 http://www.yuntech.edu.tw

黃光男（2003）：博物館能量。台北市：藝術家。

黃彥蓉（2003）：歐洲聯盟語言教育計畫之研究。國立暨南國際大學比較教育學系碩士論文（未出版）。

黃煌雄、黃勤鎮（2004）：原住民地方文化產業總體檢——監察院調查報告書。台北市：遠流。

張淑君（2004）：文化產業的理論與實際。台中市：作者。

張維倫等（譯），David Throsby（著）（2003）：文化經濟學。台北市：典藏藝術家庭。（原書名：*Economics and culture*）

陳郁秀（2010）：行政法人之評析：兩廳院政策與實務。台北市：遠流。

郭姿麟、孔憲法、陳志宏（2013）：歐洲文化首都。台北市：遠流。

國史館（編）（1997）：中華民國史文化誌（初稿）。台北縣：編者。

國立台灣師範大學歐洲文化與觀光研究所（編）（2014）：歐洲聯

盟文化政策研討會論文集。台北市：編者。

國立歷史博物館（2005）：國立歷史博物館建館五十週年紀念文集。台北市：國立歷史博物館。

國立中正文化中心（編）（2010）：兩廳院經營誌——台灣表演藝術文創產業實務案例。台北市：編者。

國立中正文化中心（編）（2007）：國立中正文化中心改制行政法人三年紀實。台北市：編者。

喻幸園（2000）：智慧財產權之策略與管理。台北市：元照。

馮建三（譯），Toby Miller 等（著）（2003）：全球好萊塢。台北市：巨流。（原書名：*Global Hollywood*）

楊式昭（2000）：光復後台灣重要文化政策之觀察：1945-1994。收於國立歷史博物館（編），台灣文化百年論文集第一冊。台北市：編者，頁 95-140。

翟本瑞（2001）：網路文化。台北市：揚智。

漢寶德（2001）：國家文化政策之形成（國政研究報告）。取自http://www.npf.org.tw

漢寶德（2000）：博物館管理。台北市：田園城市文化。

蔡芬芬（2002）：比利時語言政策。台北市：前衛。

蔡昭儀（2004）：全球古根漢效應。台北市：典藏藝術家庭。

薛燕玲等（譯），並木誠士（著）（2003）：日本現代美術館學：來自日本美術館現場的聲音。台北市：五觀藝術。

簡逸姍（譯），Malcolm Miles（著）（2000）：藝術、空間、城市——公共藝術與都市遠景。台北市：創興。（原書名：*Art, space and the city: Public art and urban future*）

西文部分

Adrian, B. (2003). *Framing the bride: Globalizing beauty and romance in Taiwan's bridal industry*. Berkeley, CA: Univ. of California Press.

Agency for Cultural Affairs. (2013). *Policy for Cultural Affairs in Japan*. Tokyo: Ministry of Education, Culture, Sports, Sciences and Technology, Japan.

Ahearne, J. (Ed.) (2002). *French cultural policy debates*. London: Routledge.

Akehurst, G., & Alexander, N. (1995). *The internationalization of retailing*. London: Frank Cass.

Alexander, E. P. (1979). *Museums in motion: An introduction to the history and functions of museums*. Nashville, TN: American Assn. of State and Local History.

Baubock, R. (Ed.) (1994). *From aliens to citizens: Redefining the status of immigrants in Europe*. Aldershot, U. K.: Avebury.

Bennett, D. (Ed.) (1998). *Multicultural states: Rethinking difference and identity*. London: Routledge.

Ben-Ze'ev, A. (2004). *Love online: Emotions on the internet*. Cambridge, U. K.: Cambridge Univ. Press.

Berger, P. L., & Huntington, S. P. (2002). *Many globalizations: Cultural diversity in the contemporary world*. London: Oxford Univ. Press.

Bok, D. (2003). *Universities in the marketplace: The commercialization of higher education*. Princeton, NJ: Princeton Univ. Press.

Bryman, A. (2004). *The Disneyization of society*. London: Sage.

Chan, J., & McIntyre, B. T. (2002). *In search of boundaries: Communication, nation-states and cultural identities*. Westport, CT: Ablex.

Crawford, J. (1998). Anatomy of the English-only movement: Social and ideological sources of language restrictionism in the United States. In D. A. Kibbee (Ed.), *Language legislation and linguistic rights* (pp. 96-122). Amsterdam: John Benjamins.

Croteau, D., & Hoynes, W. (2003). *Media society* (3rd ed.). Thousand Oaks, CA: Pine Forge Press.

Dardy-Cretin, M. (2012). *Histoire administrative du ministère de la culture et de la communication, 1959-2012*. Paris: Documentation Française.

Deem, R. (2001). Globalization, new managerialism, academic capitalism and entre-preurialism in universities: Is the local dimension still important? *Comparative Education, 37*(1), 7-20.

Douglas, N., & Douglas N. (1999). Cruise consumer behavior: A comparative study. In A. Pizam & Y. Mansfeld (Eds.), *Consumer behavior in travel and tourism* (pp. 369-392). NY: Haworth Hospitality Press.

Edwards, J. (1994). *Multilingualism*. London: Routledge.

Equipe de redaction de la Documentation Française. (1996). *Institutions et vie culturelles: Les notices*. Paris: Documentation Française.

Erikson, T. H. (2007). *Globalization: The key concepts*. Oxford, U.K.: Berg.

Featherstone, M. (2007). *Consumer culture and postmodernism* (2nd ed.). LA: Sage.

Fornas, J. (1995). *Cultural theory and late modernity*. London: Sage.

Frey, B. S. (1998). Superstar museums: An economic analysis. *Journal of*

Cultural Economics, 22(2/3), 113-125.

Gackenbach, J. (Ed.) (1998). *Psychology and the internet: Intrapersonal, interpersonal and transpersonal implications*. San Diego, CA: Academic Press.

Gannon, M. J., & Pillai, R. (2010). *Understanding global culture*. LA: Sage.

Glaser, J., & Zenetou, A. A. (1996). *Museums: A place to work-Planning museum careers*. London: Routledge.

Gottlieb, N., & McLelland, M. (Eds.) (2003). *Japanese cybercultures*. London: Routledge.

Greffe, X., & Pflieger, S. (2009). *La politique culturelle en France*. Paris: Documentation Française.

Grisworld, W. (2013). *Cultures and societies in a changing world*. LA: Sage.

Hartley, J. (2005). *Creative industries*. Malden, MA: Blackwell.

Hesmondhalgh, D. (2002). *The cultural industries*. London: Sage.

Hein, H. S. (2000). *The museum in transition: A philosophical perspective*. Washington, DC: Smithsonian Institution Press.

Holeton, R. (Ed.) (1998). *Composing cyberspace: Identity, community and knowledge in the electronic age*. Boston, MA: McGraw-Hill.

Houlihan, B. (2004). Sports globalization, the state and the problem of governance. In T. Slack (Ed.), *The commercialization of sport* (pp.52-74). London: Routledge.

Janicot, D. (Ed.) (2013). *La dimension culturelle du grand Paris*. Paris: Documentation Française.

Kelly, B. (1998). Japan's empty orchestras: Echoes of Japanese culture in the performance of Karaoke. In D. P. Martinez (Ed.), *The world of Japanese popular culture*. Cambridge, U. K.: Cambridge Univ. Press.

Ketz, J. E., & Rice, R. E. (2002). *Social consequences of internet use: Access, involvement and interaction*. Cambridge, MA: MIT Press.

Kibbee, D. A. (Ed.) (1998). *Language legislation and linguistic rights*. Amsterdam: John Benjamins Publishing.

Kidd, W. (2002). *Culture and identity*. NY: Palgrave.

Lombard, A. (2003). *Politique culturelle internationale: Le modèle français face a la mondialisation*. Paris: Maison des Cultures du Monde.

Louie, K. (2010). *Hong Kong culture: Word and image*. Hong Kong: Hong Kong Univ. Press.

Marek, Y., & Mollard, C. (2012). *Malraux, Lang...et après?*. Paris: AREA.

Maxwell, A. (1998). Ethnicity and education: Biculturalism in New Zealand. In D. Bennett (Ed.), *Multicultural states: Rethinking difference and identity* (pp.195-207). London: Routledge.

Miller, T., & Yudice, G. (2002). *Cultural policy*. London: Sage.

Mmusi, S. (1998). On the eleven official languages policy of the New South Africa. In D. A. Kibbee (Ed.), *Language legislation and linguistic rights* (pp.225-239). Amsterdam: John Benjamins Publishing.

Pennington, M. C. (Ed.) (1998). *Language in Hong Kong at century's end*. Hong Kong: Hong Kong Univ. Press.

Relais Culture Europe. (Ed.) (2001). *Les financements culturels européens* (3rd ed.). Paris: La Documentation Française.

Ritzer, G. (1998). *The McDonaldization thesis: Explorations and extensions*. London: Sage.

Ritzer, G. (1993). *The McDonaldization of society*. Thousand Oaks, CA: Pine Forge Press.

Robinson, M., & Boniface, P. (Eds.) (1999). *Tourism and cultural conflicts*. Oxon, U. K.: CABI Publishing.

Smart, B. (Ed.) (1999). *Resisting McDonldization*. London: Sage.

Storey, J. (1999). *Cultural consumption and everyday life*. London: Arnold.

Storey, J. (1996). *Cultural studies and the study of popular culture: Theories and methods*. Athens: Univ. of Georgia Press.

Stromquist, N. P. (2002). *Education in a globalized world: The connectivity of economic power, technology, and knowledge*. Maryland, MD: Landam.

Tiffin, J., & Rajasingham, L. (2003). *The global virtual university*. London: Routledge Falmer.

Watts, R. J. (1997). Language policies and education in Switzerland. In R. J. Watts & J. J. Smolicz (Eds.), *Cultural democracy and ethnic pluralism, multicultural and multilingual policies in education* (pp. 271-302). Frankfort am Main: Peter Land.

Weed, M., & Bull, C. (2004). *Sport tourism: Participants, policy and providers*. Amsterdam: Elsevie.

人名索引

國家圖書館出版品預行編目（CIP）資料

全球視野的文化政策／郭為藩著. --三版. --
臺北市：心理, 2014.08
面；　公分. --（教育基礎系列；41217）
ISBN 978-986-191-614-9（平裝）

1. 文化政策

541.29　　　　　　　　　　　　103015170

教育基礎系列 41217

全球視野的文化政策（第三版）

作　　者：郭為藩
執行編輯：林汝穎
總 編 輯：林敬堯
發 行 人：洪有義
出 版 者：心理出版社股份有限公司
地　　址：231026 新北市新店區光明街 288 號 7 樓
電　　話：(02) 29150566
傳　　真：(02) 29152928
郵撥帳號：19293172　心理出版社股份有限公司
網　　址：https://www.psy.com.tw
電子信箱：psychoco@ms15.hinet.net
排 版 者：辰皓國際出版製作有限公司
印 刷 者：辰皓國際出版製作有限公司
初版一刷：2006 年 3 月
二版一刷：2009 年 9 月
三版一刷：2014 年 8 月
三版三刷（修訂版）：2021 年 8 月
Ｉ Ｓ Ｂ Ｎ：978-986-191-614-9
定　　價：新台幣 300 元